Der offizielle
Ausflugsführer von

100
tolle Erlebnisse in Niedersachsen
die eure Kinder lieben werden

BRUCKMANN

Inhalt

Vorwort — 7

Der Norden mit Ostfriesland — 8

1. Wildpark Lüneburger Heide – mit Baumwipfelpfad — 10
2. Ponyclub Ohlendorf – Beginn einer großen Liebe — 12
3. Aeronauticum – alles, was fliegt — 14
4. Barfußpark Egestorf – schrittweise entspannen — 16
5. Spielpark Wings – Bauchkitzel für smarte Kinder — 18
6. SUP Club Stade – lautlos über die Schwinge — 20
7. Dschungelboot Oldenburg – Spaß mit Wabbelberg — 21
8. Eine wilde Schafstour – mit Scharfsinn — 22
9. Tretboot fahren – auf dem Zwischenahner Meer — 24
10. Tier- und Freizeitpark Thüle – doppelt cool — 26
11. Beachclub Nethen – samt schwimmendem Wasserpark — 28
12. Kletterwald Hatten – ein echter Drahtseilakt — 30
13. Jaderpark – dreimal größtes Vergnügen — 32
14. Wattenmeerhaus – es geht auf Walfahrt — 34
15. Mit Max und Paula durch das Marinemuseum — 35

16	Störtebeker Park – spielerisch Natur erleben	36
17	Zu Krabben und Seehunden mit der »Möwe«	38
18	Kitesurfen in Neuharlingersiel – folge dem Wind!	40
19	Watt-Safari in Bensersiel – mit Willy Wattwurm	42
20	Drachenfest in Schillig – der Himmel wird bunt!	43
21	Phänomania Carolinensiel – total verblüffend	44
22	Wangerooge – das Forschungsabenteuer Strand	46
23	Seehundstation Norddeich – voller niedlicher »Heuler«	48
24	Waloseum Norddeich – die Welt der Meeressäuger	49
25	Birgits Tiergarten – jede Menge fotogener Momente	50
26	Sturmfrei in Neßmersiel – zwei Hallen zum Toben	52
27	North Bound Aurich – Südsee mit Wakeboard	54
28	Sand+WaterWerk Simonswolde – freier Erlebnisgarten	56
29	LandErlebnis Janßen – Ammerland wie früher	58
30	Ramsloh Indoor Karting – Kick in der Kurve	59
31	Nordseekletterpark Borkum – Meer und Grün	60
32	Miniaturland Leer – mehr als nur Ostfriesland	62
33	Paddel und Pedal – anders reisen durch Ostfriesland	64
34	Friesengolf Hof Iggewarden – »Gib Gummi!«	66
35	Weserinsel Harriersand – mit Strand und Rad	68
36	Klimahaus – das Schicksal des Planeten	70

Die Mitte und die Mittelweser   72

37	Kinderwildnis – endlich naturnah spielen	74
38	Sinnesgarten Freistatt – an den Riesenstühlen	76
39	Magicpark Verden – Wellenritt und Drachenbahn	78
40	Gartenbahncafé – die Bedienung kommt »zügig«	80
41	Filmhof Hoya – auf zum Frühstückskino!	82
42	Hofkäserei Derboven – selbst mal melken	83
43	Kamelfarm – locker auf dem Höcker	84
44	LandPark Lauenbrück – es lebe Tier und Natur!	86
45	Waldspielplatz Zeven – aus (und auf) Holz gebaut	88
46	Moorbahn Burgsittensen – wo Kraniche stehen	90
47	Drachen über Lemwerder – DAS Familienfest	91
48	Wild- und Freizeitpark Ostrittrum – Erlebnis pur	92
49	Kreismuseum Syke – so lernen Kinder alles	94
50	NaturFreibad Landesbergen – riesig viel Platz	96

Die Heide, das Wendland und Hannover — 98

51	Wildpark Müden – klein, fein und dicht dran	100
52	Filmtierpark Eschede – die trainierten Stars	102
53	Otter-Zentrum Hankensbüttel – beim Füttern zusehen	104
54	Marionettentheater Dannenberg – aus Lenas Leben	106
55	Naturum Göhrde – mit Hirschkäfer-Postamt	108
56	Wassererlebnispfad Gartow – nass und schlau	110
57	TreeTrack Bevensen – 650 Meter rutschen	111
58	Abenteuerlabyrinth Lünburger Heide – für Spürnasen	112
59	Filzwelt Soltau – weich und bunt	114
60	Sea Life Hannover – Expedition Dschungel	116
61	Wasserski Blauer See Garbsen – Kurzurlaub klar	117
62	Deister-Freilicht-Bühne – märchenhaft schön	118
63	Wennigser Wasserräder – Miniaturen im Wald	120
64	Wiesendachhaus Laatzen – perfekter Zwischenstopp	122
65	Strandbad Hemmingen – mit Südsee-Feeling	123
66	Wisentgehege Springe – in freier Wildbahn	124
67	Erse Park Uetze – einfach gut	126
68	Jimmys Spielewelt – von real bis virtuell	128
69	Familienpark Sottrum – auf zu Brett Pitt	129
70	Kids-Dinoworld – wow, ein Hochziehturm!	130
71	NaturErlebnisBad Luthe – wie früher!	132
72	Am Steinhuder Meer – und auf Dinos Spuren	134
73	Weserbergland – mit Dampflok oder Schienenbus?	136
74	Draisinen in Rinteln – gratis ins Freibad	138

Der Harz, Braunschweig und der Süden — 140

75	Baumwipfelpfad Bad Harzburg – hinauf zur Erleuchtung	142
76	KulturKloster Duderstadt – Zeit für Kreativität	144
77	Tierpark Hardegsen – mit neuem Spielplatz	145
78	HöhlenErlebnisZentrum – voller Überraschungen	146
79	Wichtelpfad Sievershausen – mit allen Sinnen	148
80	Hutewald Neuhaus – Weiden wie anno dazumal	150
81	Jump XL Braunschweig – voll auf Ninja Course	152
82	phaeno Wolfsburg – fragen lernen	154
83	Tierpark Essehof – tierisches Erlebnis	156
84	Takka-Tukka Abenteuerland – fröhliche Runden	158

85	Bauernhof Böckelse – mit Alpakas	159
86	Bernsteinsee Erlebniswelt – Action bitte!	160

Das Emsland und der Westen 162

87	Freilichtspiele Bad Bentheim – mit Wanderung	164
88	Tierpark Nordhorn – regional und international	166
89	Fußballgolf Vechta – wie geschickt seid ihr?	168
90	Molli Bär Spielpark – innen und außen perfekt	169
91	Zoo Osnabrück – Highlights satt	170
92	Märchenwald Ibbenbüren – es war einmal	172
93	Erlebnisland Irrgarten Alfsee – findet den Weg!	174
94	Naturtierpark Ströhen – mit Pferdeshows	176
95	Museumsdorf Cloppenburg – wie in alter Zeit	178
96	Surwolds Wald – mit Bogenschießen	180
97	Schloss Dankern – wildes Tobeland	182
98	Speicherbecken Geeste – für Spiel und Spaß	183
99	Schloss Clemenswerth – alles für Kreative	184
100	Arche Naturhof Freren – mit Lamas gehen	186

Tipps des Antenne-Teams	188
Register nach Rubriken	190
Impressum	192

Liebe Kinder und liebe Eltern
aus Niedersachsen,

auch bei uns hier im Sender arbeiten viele Eltern und wir kennen die Situation am Wochenende natürlich auch.

Die Kinder sind voller Tatendrang und wollen was erleben und wir Eltern müssen erstmal überlegen, was wir unseren Kindern denn eigentlich Tolles anbieten können.

Am besten nach draußen, am besten nicht zu teuer, am besten nicht ganz so weit weg, aber gaaaaaanz viel Spaß soll es machen.

Aus den vielen Vorschlägen, die ihr uns geschickt habt, haben wir auf den folgenden Seiten 100 tolle Erlebnisse in Niedersachsen zusammengestellt, die eure Kinder lieben werden.

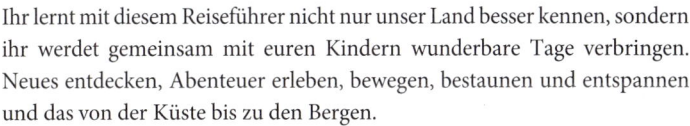

Ihr lernt mit diesem Reiseführer nicht nur unser Land besser kennen, sondern ihr werdet gemeinsam mit euren Kindern wunderbare Tage verbringen. Neues entdecken, Abenteuer erleben, bewegen, bestaunen und entspannen und das von der Küste bis zu den Bergen.

Schnappt euch eure Kinder und plant doch gleich zusammen euren nächsten Ausflug.

Viel Spaß

Eure Sabrina

‹ Viele tolle Erlebnisse warten auf euch!

Wellen, Wind und Wasser begeistern alle – hier findet man von der Küste quer durchs flache Land bis an die Weser herrliche Reviere.

⌃ Sonne, Sand und Meer – mehr braucht man nicht!

Der Norden mit Ostfriesland

Anfahrt A 7, etwa 30 km nördlich Bispingen, Ausfahrt 40/Richtung Hanstedt, L 216, dann nach 2,6 km rechts
Adresse Wildpark Lüneburger Heide, Wildpark 1, 21271 Nindorf-Hanstedt,
Tel. 04184/893 90, www.wild-park.de; Baumwipfelpfad unter www.heide-himmel.de
Öffnungszeiten März-Okt. 8-19 Uhr, Nov.–Feb. 9.30–16.30 Uhr
Preise Kinder 3-14 Jahre 10 €, Erwachsene 12 €
Barrierefrei Ja

Wildpark Lüneburger Heide
Mit Baumwipfelpfad

Er ist ein Muss für jedes Kind – neben 1.200 Tieren sind hier ein Wasserspielplatz, Kletterburgen und im Sommer viele spezielle Angebote zu finden – übrigens: Die fliegenden Geier sind DER Hit! Und mit dem neuen Baumwipfelpfad habt ihr einen tollen Ausblick über die Heide.

Im Herbst 2019 ist es endlich so weit – dann wird der neue Baumwipfelpfad – einige nennen ihn den Heidehimmel – eröffnet und bietet in 39 Metern Höhe den perfekten Rundumblick über den Wildpark Lüneburger Heide. Die große Attraktion für alle Kinder und Erwachsenen sind und bleiben aber die rund 1.200 Tiere der Anlage: Da sind Sibirische Tiger unterwegs, ihr könnt Gänsegeier landen oder Kamtschatka-Bären toben sehen und Wollschweine grunzen hören. Ein prima Einstieg für Kinder ist der Streichelzoo. Daneben wartet der Willi-Wildpark-Club. Da werden Kinder von drei bis 14 Jahren kostenlos Mitglied, erhalten eine Packung Wildfutter und regelmäßig Neuigkeiten von den Tieren per E-Mail. Meist im Juli zeigt der Falkner bei einer Sonderveranstaltung »Jäger der Nacht« in der Dämmerung. Den aktuellen Termin solltet ihr am besten gleich googeln, damit ihr ihn nicht versäumt. Und zweimal täglich

UNSER TIPP

Justus hat mit seinen Eltern direkt neben dem Wildpark im Schäferdorf übernachtet. Sechs Schäferwagen stehen dort und es gibt acht Appartements. »Das war richtig cool«, lautet sein begeistertes Fazit.

könnt ihr Adler, Falken und Geier im freien Flug erleben. Der Vortrag über die Faszination des Wolfes ist oftmals schnell ausgebucht, und die lustige Fischotterfütterung lockt nicht nur kleine Gäste an.

Denkt im Sommer aber auch unbedingt daran, die Badesachen einzupacken, denn dann macht der große Wasserspielplatz doppelt Spaß. Zudem gibt es Kletterburgen, Trampoline, einen Rutschenturm und Hängebrücken und weitere Spielgeräte, sodass ihr immer wieder toben und schaukeln könnt.

« Wo bleibt ihr denn? Die kleinen Ferkel warten schon.

2 Ponyclub Ohlendorf
Beginn einer großen Liebe

Ihr möchtet Reiten lernen? Dann auf zum Ponyclub Ohlendorf! Die Ponys und anderen Pferde dort sind sanft und liebenswert – goldrichtig also für alle, die den ersten Schritt wagen wollen. Doch auch wer schon reiten kann, findet hier alles, was er braucht – zum Beispiel Intensivkurse im Sommer.

Reiten macht Spaß – und hier ganz besonders: Die Reitlehrerinnen sind sehr einfühlsam, was Kinder und Pferde angeht. Sie alle waren selbst als Kinder schon früh mit Ponys und anderen Pferden zusammen. Und die Tiere in Ohlendorf sind freundlich und neugierig, zuverlässig und strahlen – ganz wichtig für Kinder – viel Ruhe aus. Da ist zum Beispiel die hübsche »Baby Blue Eye«, 2013 geboren. Das Pony hat zwei verschiedenfarbige Augen und ist allein deshalb schon ein echter Hingucker. Oder »Barney«, 2011 geboren, ein braun-weißes Pony, von den Kindern heiß geliebt. Und natürlich »Dan«, der Tinker, »Danjana«, der Schwarzwälder-Mix, das Shetlandpony »Bounty« sowie einige weitere.

Wer sich nicht gleich aufs Pony traut, kann es, natürlich gemeinsam mit einem Erwachsenen, erst einmal an der Leine durch den nahen Buchwedel spazieren führen. Auch beim Reiten ist jemand dabei, denn ohne Führung darf niemand aufs Pferd. Wann ist das beste Alter, um zu beginnen? Sobald das Kind sich auf dem Vierbeiner halten und aufrecht sitzen kann; und vor allem: sobald es keinerlei Angst davor hat. Wer schon reiten kann, darf in Begleitung vom Schrittausritt bis zum Geländeritt alles genießen, was geht. Besonders beliebt sind beispielsweise die mehrstündigen Ausritte im Mondschein zu bestimmten Öffnungszeiten. Und im Sommer natürlich die Intensivreitkurse. Außerdem werden Pflegekurse oder Ponyführen angeboten. Und natürlich können auch die Eltern Reiten lernen oder, falls sie schon versiert sind, offene Reitstunden für Erwachsene buchen. So entsteht eine fröhliche Reitergemeinschaft, die sich auch gern zu kleinen Feiern trifft. Also nichts wie hin!

Locker mit dem Pferd umgehen und alles richtig machen, kein Problem 》》

Anfahrt A 7, Ausfahrt 38/Richtung Ramelsloh, Horster Landstr., zum Seevetaler Ortsteil Horst, rechts in den Alten Postweg abbiegen
Adresse Ponyclub Ohlendorf, Jugendarm e. V., Alter Postweg 160, 21220 Seevetal, Tel. 04105/812 32, www.ponyclub-ohlendorf.de
Öffnungszeiten April–Okt. tgl. 9–18 Uhr, Nov.–März 9–17 Uhr
Preise 10-Min.-Runde 3 €, 1 Std. Ausritt Pony 10 €, Erwachsene 15 €
Barrierefrei Nein

Anfahrt A 27 zwischen Bremerhaven und Cuxhaven, L 135 nach Wusterheide

Adresse Aeronauticum, Peter-Strasser-Platz 3, 27639 Wurster Nordseeküste, Tel. 04741/18 19-0, www.aeronauticum.de

Öffnungszeiten Tgl. 10.30–17.30 Uhr

Preise Kinder ab 6 Jahre 4,50 €, Erwachsene 9,50 €

Barrierefrei Ja

Aeronauticum
Alles, was fliegt

3

Ihr möchtet packende Objekte aus der Luftfahrt bewundern? Das Aeronauticum ist das perfekte Ziel für jede flugbegeisterte Familie. Ob in der Halle oder auf dem Außengelände – hier dreht sich alles nur ums Fliegen und die Technik, vom Luftschiff bis zum Marineflugzeug.

Der Mensch, so hat es der Komiker Loriot einmal formuliert, ist das einzige Wesen, das in 10 000 Metern Höhe eine feste Mahlzeit zu sich nehmen kann. Anschaulicher und lustiger kann man wohl nicht beschreiben, wie faszinierend es ist, dass ein Flugzeug fliegt. Warum das überhaupt möglich ist, wird in der Museumshalle des Aeronauticums erläutert. »Fliegen leichter als Luft« lautet das eine Motto, »Fliegen schwerer als Luft« das andere. Ihr erfahrt jede Menge über das Prinzip des Fliegens, die Technik, über Luftschiffe und ihre Geschichte. Dioramen mit vielen Details veranschaulichen den Einblick in diese spannende Welt. Außerdem wird vermittelt, wie sich See- und Marinefliegerei seit dem Jahr 1913 entwickelt haben. In Nordholz gab es beispielsweise im Ersten Weltkrieg einen Marineluftschiffplatz, auf dem diese Giganten starten und landen konnten. Und auch die zivile Nutzung der sogenannten »fliegenden Zigarren« ist zu sehen.

UNSER TIPP

Ina hat ein Abstecher zur nahen Küste besonders gut gefallen. »Wir waren auf dem Deich spazieren«, erzählt sie begeistert. »Und beim Hafen in Cuxhaven. Da sind schöne Schiffe zu sehen. Einige fahren sogar bis nach Helgoland.«

Wer immer schon einmal in einem Seefernaufklärer der Marine sitzen wollte, hat hier die Gelegenheit, in einer Trainingszelle Platz zu nehmen und diesem Gefühl nachzuspüren. In Staunen versetzen euch sicher auch die 18 Objekte auf dem riesigen Außengelände – viele dieser historischen Flugzeuge waren früher bei der Marine in Ost und West im Einsatz und werden wohl auch so manches Elternherz höherschlagen lassen.

« So ein Helikopter ist schon klasse – mal hineinschauen.

4 Barfußpark Egestorf
Schrittweise entspannen

Für Kinder ist es meist schon Erlebnis pur, wenn sie barfuß herumlaufen können. In Kombination mit einem Yogawald, Lachen, Baden und Spielen wird ein Ausflug zum Barfußpark Egestorf eine Erlebnistour für alle Sinne, die kaum mehr zu toppen ist – ein gelungener Sommertag ist garantiert.

Barfußlaufen auf verschiedenen Untergründen ist heutzutage für viele Kinder nicht selbstverständlich. Im Barfußpark Egestorf könnt ihr es ausprobieren und gleichzeitig eine Tour durch die dortige Tier- und Pflanzenwelt unternehmen, den Duft des Kräutergartens neben dem Salzineum genießen – und natürlich das gesunde Meeresklima des Salzineums einatmen. Im Yogawald sind neun Stationen aufgebaut, an denen ihr verschiedene Übungen ausprobieren könnt. Lachen ist dabei ausdrücklich erwünscht (Stichwort Lachyoga). Yogamatten und Audiogeräte können ausgeliehen werden. Die Wirkung des »Waldbadens« ist auch für Kinder schon spürbar und wohltuend. Schließlich ist Stress (leider) kein Phänomen für Erwachsene.

Anschließend könnt ihr nebenan das vollbiologische Naturerlebnisbad Aquadies besuchen – vergesst also nicht, die Badehose einzupacken! Ein separates Baby- und Kleinkinderbecken ist vorhanden. Spielbach und Sandkiste überzeugen ohnehin jeden Besucher.

Und dann warten da noch die Fische ... keine Sorge: Sie schwimmen nicht im Becken des Naturerlebnisbades, sondern in Behältern bei der Knabberfisch-Wellness im FUSS-Paradies. Die moderne Art der tierischen Pediküre kostet vielleicht etwas Überwindung, ist aber inzwischen mindestens so gefragt wie die thailändische Fußmassage, die hier ebenfalls angeboten wird. Zur Behandlung muss man sich aber vorher anmelden.

Übernachten könnt ihr im Naturcamp mit Blockhütten, Grillplatz sowie Wohnmobilstellplätzen, für das leibliche Wohl sorgen das Lokal Naturium und eine NaturKOSTbar am Barfußpfad, und wer möchte, kann zu einer Kutschfahrt starten – Schoßkinder bis drei Jahre sind frei.

Zeigt her eure Füße – für sie gibt es viel zu entdecken. »

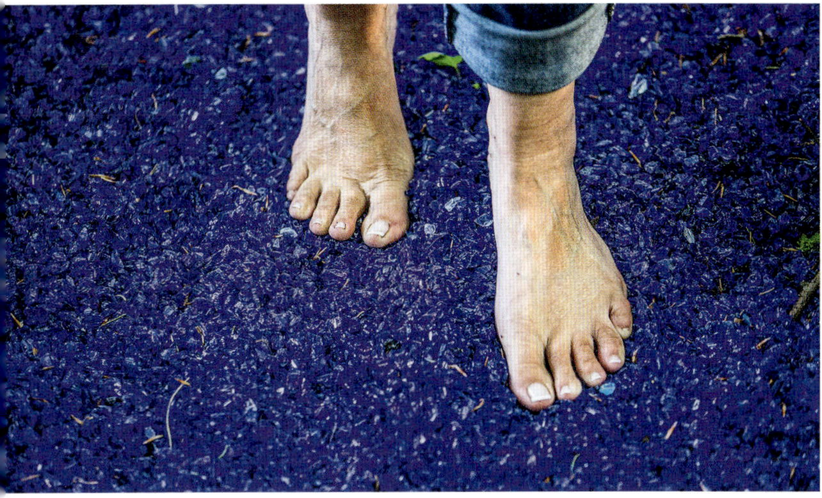

Anfahrt A 7, Abfahrt Egestorf, über Lübberstedter Str. und Schätzendorfer Str., dann links in Ahornweg
Adresse Barfußpark Egestorf, Ahornweg 9, 21272 Egestorf, Tel. 04175/15 16, www.barfusspark-egestorf.de; Anmeldung: FUSS-Paradies, Tel. 04175/808 84 91
Öffnungszeiten Ende April bis Ende Sept., 9–20 Uhr (letzter Einlass: 18 Uhr)
Preise Kinder ab 4 Jahre 5,50 €, ab 16 Jahre 7,50 €, Familienkarte 21 €
Barrierefrei Bedingt

Anfahrt Südlich der Elbe an der B 73 zwischen Neuhaus (Oste) und Hemmoor gelegen, 36 km östlich von Cuxhaven

Adresse Spielpark Wingst, Schwimmbadallee 10a, 21789 Wingst, Tel. 04778/660; Auskunft: Tourismuszentrale Wingst, Hasenbeckallee 1, 21789 Wingst, Tel. 04778/812 00, www.wingst.de

Öffnungszeiten April–Okt. Di–So 10 oder 11–18 Uhr, Nebensaison Fr geschlossen

Preise Spielpark 1 €, Rodelbahn 2,50 € pro Fahrt, Baumseilpfad bis 16 Jahre 7,50 €, Kombikarte mit Bad, Zoo und Minigolf 9,90 €, Erwachsene 12,90 €

Barrierefrei Bedingt

Spielpark Wingst
Bauchkitzel für smarte Kinder

Sie ist natürlich DER Hit für Kids: die Sommerrodelbahn mit 500 Metern Fahrspaß. Anschließend geht es weiter zum Baumseilpfad und hinein in den Spielpark mit seinen großartigen Attraktionen. Der interaktive Spielplatz lockt mit Denk- und Ratespielen – einmalig im Norden.

Was aus einer alten Sandgrube so alles werden kann! Zum Beispiel eine flotte Sommerrodelbahn mit Schlepplift, wie hier im Spielpark Wingst. Mutige Kinder ab acht Jahren dürfen schon alleine in die Bobs und den Bauchkitzel erleben, jüngere Kinder ab drei Jahren fahren bei den Erwachsenen mit. Wollt ihr danach noch weitere Mutproben bestehen? Auf zwei Seilpfaden könnt ihr nämlich bis zu zehn Meter hoch in die Bäume klettern und dort dann balancieren … natürlich gesichert und mit Anleitung. Der Baumseilpfad und Hochseilgarten hat mehrere spannende Stationen. Wichtig ist allerdings: Ihr müsst mindestens sieben Jahre alt und 1,20 Meter groß sein.

UNSER TIPP
Noch eine Mutprobe gefällig? Ines erzählt begeistert von der neuen Wasserski- und Wakeboard-Anlage in Neuhaus an der Oste: »Das Gefühl ist echt klasse! Unbedingt ausprobieren!«

Genauso verlockend ist der restliche Spielpark mit dem Nachbau eines Airbus A 380. Auch ein Teufelsrad, ein Bällebad sowie Hüpf- und Klettergeräte sind vorhanden. Einmalig im Norden Deutschlands ist zudem der interaktive Spielplatz »SmartUs«. Hier geht es um Denk- und Ratespiele. Wie das Ganze funktioniert, wird am zentralen Terminal erklärt. Ihr könnt dabei aber auch eure Geschicklichkeit prüfen. Das macht herrlichen Spaß und ist ein tolles Gruppenerlebnis. Laufen, Hüpfen oder Fangenspielen gehören sowieso dazu und fordern Körper und Geist gleichzeitig heraus – eine wichtige Voraussetzung für die gesunde Entwicklung von Kindern. Was gibt es Schöneres?

« Einfach mal hängen lassen und ausschaukeln – toll.

6 SUP Club Stade
Lautlos über die Schwinge

Es ist wohl eine der schönsten Arten, sich die schmucke Stadt Stade mit ihrer wunderbar grünen Natur mal anders anzuschauen: vom Wasser der Schwinge aus, auf einem Stehpaddel-Board. Viel Spaß und eine trockene Reise!

Ihr findet Stadtbesichtigungen langweilig? Dann ist diese Fahrt durch Stade genau das Richtige für euch: Auf der Schwinge und am Burggarten geht es auf dem Stehpaddel-Board über das Wasser. Die Stadt sieht ganz anders aus, wenn ihr sie vom flachen »Brett« aus erlebt. Voraussetzung ist allerdings, dass ihr schwimmen könnt und eine Schwimmweste tragt. Die Verleiher achten gewissenhaft darauf. Wer etwas Gleichgewichtssinn hat, wird sich auf dem SUP-Board schnell wohlfühlen. Ihr müsst ja nicht gleich einen Handstand machen … das tun Fortgeschrittene nämlich tatsächlich. Hier geht es aber nicht um Sportlichkeit, sondern um eine kleine Schnupperrunde durch Stade. Übrigens kann man ebenso Kajak oder Kanu (für zwei, drei oder vier Personen) ausleihen. Auch das macht Spaß und könnte noch gesteigert werden mit dem »BBQ Donut«, einer Art schwimmender, runder Insel mit Schirmchen. Ihr leiht es als Gruppe aus und veranstaltet so ein Picknick auf dem Wasser. Doch genießt erst mal eine Runde auf dem Stehpaddel-Board. Das entspannt so herrlich. Übrigens: SUP Clubs gibt es auch in Hamburg und Starnberg sowie im dänischen Blåvand.

Anfahrt Stade liegt etwa 40 km westlich von Hamburg, über die B 73 zu erreichen, östlich Altstadtring, gegenüber vom Seglerhafen

Adresse Start am Salztorswall/ An der Schwinge, 21683 Stade, Tel. 0151/65 10 27 49, kontakt@supclubs.de, www.supclubs.de
Öffnungszeiten April–Okt.
Preise Kinder bis 14 Jahre 10 € für 1 Std.
Barrierefrei Bedingt

Dschungelboot Oldenburg
Spaß mit Wabbelberg

7

Wer lieber still in der Ecke sitzt, ist hier falsch. Für alle anderen wird das Dschungelboot Oldenburg hingegen zum großen Bewegungsspaß, denn hier warten zahlreiche Attraktionen zum Springen, Hüpfen, Klettern, Fahren und Geschicklichkeitsspiel.

Hier dreht sich alles um Spaß und Spiel – drinnen wie draußen. Im Außenbereich stehen dazu zwei 20 Meter lange Mega-Wasserrutschen bereit. Auch kleine Boote können die Kinder fahren, es wartet ein Hüpfberg, und natürlich wird auch an Essen und Trinken gedacht. Doch die großen Highlights stehen drinnen: Wer kann den Wabbelberg wirklich bezwingen? Oder den Kletterberg besteigen? Daneben stehen Elektrokarts bereit, es gibt vier Trampoline, Tischtennis, Kicker, Pedalo und eine große Dschungelhüpfburg sowie alle gängigen Spiele wie Billard, Airhockey oder eine Hüpflandschaft im Angebot, sodass für jeden etwas Passendes dabei ist. Wer ein kleines Geschwisterchen dabeihat, kein Problem: Auch ein separater, abgetrennter Bereich für Kleinkinder ist vorhanden. Dort liegen extra weiche Bauklötze und natürlich das beliebte Bällchenbad, das (Klein-)Kinderherzen höherschlagen lässt. Währenddessen können die Eltern im Massagesessel entspannen oder – wenn sie es gar nicht abwarten können – via zwei Großbildschirmen Liveübertragungen, zum Beispiel Fußball, ansehen. Somit sind also alle versorgt.

Anfahrt A 29 bis Oldenburg-Ohmstede, L 865, Abfahrt Nadorster Str.
Adresse Dschungelboot – Abenteuer & Spielpark, Ammergaustr. 23,
26123 Oldenburg, Tel. 0441/380 19 81, www.dschungelboot.de
Öffnungszeiten Mo-Fr 14-19, Sa/So, feiertags, Schulferien 10-19 Uhr
Preise Kinder 2-15 Jahre 6,50 €, 16-64 Jahre 3,50 € plus Freigetränk, ab 65 Jahren frei
Barrierefrei Bedingt

Anfahrt Vom Hauptbahnhof 12 Min., zu Fuß zur Langen Str. in der Innenstadt
Adresse FreundSCHAFtskiste – erhältlich bei der Touristinformation Oldenburg, Lange Str. 3, www.oldenburg-tourismus.de, und der Buchhandlung Bültmann und Gerriets, Lange Str. 57, www.bueltmann-gerriets.de; Infos zum Spiel: www.schafstour.de
Öffnungszeiten ganzjährig
Preise FreundSCHAFtskiste mit zwei Tickets 21 €, jedes weitere Ticket für Kinder ab 3 Jahren sowie Erwachsene 5 €
Barrierefrei Ja

Eine wilde Schafstour
Mit Scharfsinn

Quer durch die Oldenburger Innenstadt jagen und mit Lupe und UV-Licht dunkle oder rätselhafte Ecken erkunden? Klingt spannend und lustig – und das ist es auch definitiv. Übrigens: Je mehr Kinder ihr seid, desto mehr Spaß ist garantiert!

Ihr habt Spaß am Rätseln und Entdecken und könnt schon einen Stadtplan lesen? Dann auf nach Oldenburg zu einer »Schnitzeljagd« der besonderen Art. Denn diese folgt keinen Schnipseln, die auf der Erde liegen, sondern ihr bekommt eine »FreundSCHAFtskiste«. Im Namen steckt bereits ein »Schaf« – um diese Tiere geht es hier –, und in der Kiste die Anleitung. Den Startzeitpunkt wählt jeder selbst, der Startort steht fest: Schlossplatz 16, vor dem »Schlauen Haus«. Die Strecke ist zwei Kilometer lang, dauert etwa 2,5 Stunden und ist auch mit Kinderwagen und Rollstuhl zu bewältigen.

UNSER TIPP

Svenja war zum ersten Mal beim Fußballgolf in Oldenburg – und fand es cool. Selbst ihrem geübten Fußballbruder konnte sie dort zeigen, was mit dem Ball so alles drin ist.

Ihr schaut auf den Plan von Oldenburg, der sich in der Kiste befindet, und begebt euch auf die Suche nach den Rätselecken quer durch die Innenstadt. Es geht um Farben, die ihr finden müsst. Nehmt euch Zeit für die fantasievollen Schafgeschichten. Alles, was ihr dazu benötigt – Lupe, Stifte, UV-Licht –, findet ihr in eurer Kiste. Am Ende gewinnt der, der die gesammelten Farben zu nutzen weiß. Ihr werdet es »schaf«en, so viel ist sicher!

Ideal ist die »FreundSCHAFtskiste« für den Familienausflug oder zum Kindergeburtstag. Wer woanders Freunde hat, kann die Schafstour auch in Freiburg im Schwarzwald machen oder in Konstanz am Bodensee. Neben dieser Tour für Familien und Kindergruppen sind außerdem eine nur für Erwachsene oder die »wilde Schafstour für Große« – damit sind Jugendliche ab elf Jahren gemeint – im Angebot.

« Gemeinsam findet ihr den Lösungsweg bestimmt schnell.

9 Tretboot fahren
Auf dem Zwischenahner Meer

Der Kurpark mit der auffälligen Mühle und dem Freilichtmuseum Ammerländer Bauernhaus ist der beste Ausgangspunkt für eine kleine »Reise übers Meer«. Im Tretboot geht es am grünen Ufer entlang über diesen einmalig schönen See. Echt schade, dass es keine Insel gibt!

Am Steg wartet eine Kollektion schicker Boote. Zur Auswahl stehen die Variante zum Treten und die mit dem »künstlichen Rückenwind«, auch Elektroboot genannt. Das Zwischenahner Meer ist bekannt für wechselnde Winde – heute ist das Tretboot dran, denn der Wind weht nur schwach, und bei dem blauen Himmel ist die Kombination aus etwas Treten und herrlichem Panoramablick ein echter Genuss.

UNSER TIPP

Imke ist völlig gefesselt von den optischen Illusionen im Kurpark, die in einem Edelstahlkegel verschmelzen. Und von der Moislinger Klangschale, dem Nebelschwall, der Slackline ... alles frei zugänglich!

Wenn ihr genügend Zeit habt, könnt ihr zuvor noch die Spielinseln im neu gestalteten Kurpark erforschen – nicht nur die Wasserfontänen sind klasse. Vermutlich schon leicht nass geht es anschließend auf die »Reise übers Meer«. Bis ganz nach drüben, nach Dreibergen, etwa 2,8 Kilometer in einer Richtung, ist es allerdings für die eine gebuchte Stunde zu weit. Dann lieber das schöne Küstengrün genießen. Auf dem Weg nach Westen sind die hübsche Bibliothek am Meer, einige Hotels und der Yachthafen zu sehen. Hinten fährt ein Schiff der Weißen Flotte vorbei. Es will – wie ihr – nach Rostrup. Von dem Anleger dort sind es nur ein paar Schritte zum Park der Gärten. Das ist die größte Mustergartenanlage Deutschlands und ein weiterer Hit für Kinder. Unter 18 Jahren ist der Besuch sogar kostenlos. Ihr findet hier Spielecken ohne Ende und lernt nebenbei viel über Pflanzen – perfekt für den nächsten Ausflug. Mit dem Tretboot solltet ihr nur kurz am Steg anlegen, euch am Ufer etwas lockern – und schon geht es wieder zurück zum Kurpark.

Am Ufer wartet ein Mainzelmännchen, denn sein Erfinder lebte hier. »

Anfahrt A 28 bis Ausfahrt 9, dann auf der Haarenstrother Str., Bad Zwischenahn, durch Kayhausen, in Bad Zwischenahn rechts, Unter den Eichen, parken am Freilichtmuseum/Mühle; mit der Bahn bis Bahnhof Bad Zwischenahn, dann zu Fuß 1,3 km

Adresse Bootsverleih im Kurpark, Am Hogen Hagen, 26160 Bad Zwischenahn, Tel. 04403/581 66 sowie 04403/61-159 (Urlaubsberatung), www.bad-zwischenahn-touristik.de

Öffnungszeiten April–Mitte Okt., tgl. 10–19 Uhr, je nach Wetterlage

Preise Tretboot bis 4 Pers. 1 Std. 10 €, Elektroboot 1 Std. 17 €, Ruderboot 1 Std. 8 €

Barrierefrei Es gibt einen abgesenkten Steg für Rollstuhlfahrer sowie Hilfe beim Ein- und Ausstieg.

Anfahrt Zwischen Cloppenburg und Friesoythe auf der B 72 in Mittelsten Thüle abfahren, dann der Ausschilderung folgen; Parkplätze nahe am Eingang kostenlos

Adresse Tier- und Freizeitpark Thüle, Über dem Worberg 1, 26169 Friesoythe-Thüle, Tel. 04495/255, www.tier-freizeitpark.de

Öffnungszeiten April–Okt. tgl. 9–18 Uhr

Preise Kinder 3–13 Jahre 16 €, ab 14 Jahren 18 €, ab 65 Jahren 14 €

Barrierefrei Überwiegend ja

Tier- und Freizeitpark Thüle
Doppelt cool

10

Tiere oder Freizeitpark? Ihr könnt euch nicht entscheiden? Dann auf nach Thüle, denn dort ist beides drin. Zum einen seht ihr Tiere, und zwar nicht zu knapp. Zum anderen bieten Achterbahn und Schaukelschiff, Nautic-Jet und Kletterturm einen Riesenspaß. Das wird ein echter Tageshit!

Zunächst die Tiere: Rund 600 Exemplare aus aller Welt, vom Löwen bis zum Affen oder Kuhreiher, sind hier anzutreffen, und es gibt viel zu sehen und zu erfahren. Nur: Wohin zuerst? Bei der Entscheidung hilft ein Lageplan. Die meisten Kinder finden die Gibbons toll, die auf einer Insel leben. Ihr kommt ihnen außen am Wasserbecken also schon recht nah. Hängebauchschweine sind auch recht fotogen, ebenso die Erdmännchen, die drollig schauen können und sich gern in Pose werfen. Der Tierpark setzt sich für den Artenschutz ein, was auch den Besuchern ein gutes Gewissen bereitet. Spenden sind natürlich willkommen – Näheres ist am Eingang zu erfahren. Für Gruppen empfiehlt sich eine etwa einstündige Führung durch den Tierpark. Die Leiter/-innen passen ihre Erzählungen dem Alter der Gruppenteilnehmer/-innen an. So macht das Ganze wirklich Spaß – und ist obendrein noch sehr interessant.

Nun zum Freizeitpark: Achterbahn, Treckerbahn, Wasserrutsche; mit dem Bobkart werdet ihr 40 Stundenkilometer schnell. Hüpfburgen und Karussells sind neben den Kletteranlagen weitere Highlights. Auch das Sindbad-Schaukelschiff, Luna Loop und der Nautic-Jet lassen niemanden kalt. Ihr könnt auf der Internetseite schon vorher nachschauen, welche Attraktionen ab welchem Alter freigegeben sind. Dann wisst ihr, welche ihr allein fahren könnt und bei welchen ein Erwachsener dabei sein muss. Wer sich gerne über das Gelände ziehen lassen möchte, kann – sofern die Eltern mitmachen – im Bollerwagen sitzen. Sie lassen sich ausleihen und sind natürlich auch für Taschen eine praktische Ablage.

« Erdmännchen sind drollig. Schaut mal, wie sie gucken.

11 Beachclub Nethen
Samt schwimmendem Wasserpark

Badestrand mit Imbiss, Wasserski mit Café, Tretboot, Stehpaddel oder Wakeboard … keine Frage: Dies ist der ultimative Ort zum günstigen Ausspannen am Wasser mitten im Ammerland. Und dazu nun der Aquapark: höchste Zeit für coole Stunden.

Es ist eine echte Bilderbuch-Idylle: blau der See, weiß der Strand, grün die Wälder. Dazu zwei Lifte, die alle Fans von Wasserski und Wakeboard verlässlich über die Hindernisse und durchs Nass ziehen. Schnuppern für ein oder zwei Stunden – so fängt bei Groß und Klein das neue Hobby an.

Der Beachclub Nethen versteht es perfekt, Entspannung mit Sport und Genuss zu kombinieren. Jeden Sonntag ist von 9.30 bis 12 Uhr das Frühstücksbüfett im Café aufgebaut (unbedingt vorher reservieren!), das auch zu anderen Zeiten kulinarische Leckerbissen serviert. Im Sommer spielen die Kinder am Badestrand oder tummeln sich im Wasser.

Nun ist ein weiteres Highlight im Nordwesten hinzugekommen: Aufgeblasene, schwimmende Inseln wurden farbenfroh auf dem Wasser verteilt und miteinander verbunden – das ist der neue Aquapark Nethen, sprich: 1.400 Quadratmeter mit Rutschbahnen, Trampolinen, Hindernissen und Sprungtürmen. Hier zu toben lieben nicht nur die Kinder; auch die Eltern machen mit, denn über das Wasser gehen wollten sie schließlich immer schon. Stehpaddel-Boards lassen sich ausleihen, auch Tretboote und eine Kanuflotte stehen bereit für ein paar spritzige Stunden auf dem See. Wichtig für alle: Ohne Schwimmabzeichen darf keine der Attraktionen benutzt werden. Das Personal weist alle Nutzer ein und gibt Auftriebswesten beim Wassersport aus.

> **UNSER TIPP**
>
> Tim liebt es, Radtouren zu machen. Im Ammerland gibt es 21 fertige Routen, von denen er mit seinen Eltern schon etliche gefahren ist. »Die sind schnell und easy zu fahren, weil es dort flach ist wie ein Frisbee«, erzählt Tim schmunzelnd.

Wow – festhalten, und dann geht es los mit Schwung! ❯❯

Anfahrt An der A 29 zwischen Rastede und Varel, Ausfahrt Hahn-Lehmden
Adresse Beachclub Nethen, Bekhauser Esch 70, 26180 Rastede, Tel. 04402/69 62 50 und 04402/696 25 (Reservierung Frühstück), https://2019.beachclub-nethen.de; Aquapark: www.aquapark-nethen.de
Öffnungszeiten Ganzjährig, je nach Monat unterschiedlich, https://2019.beachclub-nethen.de/oeffnungszeiten/, www.aquapark-nethen.de
Preise Strand: Mai–Sept. Kinder 4–17 Jahre 4 € plus 5-€-Gutschein für Verzehr/Wassersport, Erwachsene 5 € plus 5-€-Gutschein, Nebensaison weniger; Wasserski: Kinder bis 14 Jahre 27 €/Tag; Aquapark: 8 €/Std., Tagesticket 14,50 €
Barrierefrei Ja (Wasserski, Aquapark nein)

Anfahrt Zwischen Oldenburg und Wildeshausen, Bus 270, Haltestelle Kirchhatten Rathaus
Adresse Kletterwald Hatten, Kreyenweg 10, 26209 Hatten-Kirchhatten, Tel. 04482/98 03 04, www.kraxelmaxel.de
Öffnungszeiten April–Okt. siehe www.kraxelmaxel.de
Preise Kinder 6–12 Jahre 17,90 €, 13–17 Jahre 19,90 €, Erwachsene 22,90 €
Barrierefrei Nein

Kletterwald Hatten
Ein echter Drahtseilakt

12

Nerven wie Drahtseile braucht ihr hier nicht – das Sicherungssystem ist einfach und effektiv, dafür aber festes Schuhwerk. Denn Sandalen sind auf den sechs Parcours und 60 Stationen in Kirchhatten bei Oldenburg tabu. Ansonsten genießt ihr hier Kletterspaß pur.

Wenn schwankende Holzbrücken für euch kein Hindernis, sondern eine Herausforderung sind, seid ihr hier goldrichtig. Denn über ebendiese geht es von Plattform zu Plattform. Oder ihr wählt die Holzrohre. Im Kletterwald Hatten warten 60 Stationen und unzählige spannende Momente auf euch. Sechs Parcours in vier bis zehn Meter Höhe verlangen hohe Konzentration und maximale Geschicklichkeit. Selbstverständlich seid ihr dabei alle gut gesichert. Das System ist TÜV-geprüft und wird von den Trainerinnen und Trainern regelmäßig gecheckt. Jeder erhält natürlich eine Einweisung, bevor der große Spaß zwischen den Bäumen beginnt. Genießt unbedingt unterwegs auch mal die Ausblicke, denn die Landschaft, die euch zu Füßen liegt, ist herrlich.

Drei Stunden habt ihr Zeit zum Schauen und Klettern. Die Kleidung sollte fest, die Schuhe müssen geschlossen sein – also bitte nicht mit Sandalen kommen! Wenn ihr zwischen sechs und acht Jahre alt seid, muss ein Volljähriger mitklettern, und er darf dabei maximal zwei Kinder betreuen. Das sind die Regeln, auf die hier auch Wert gelegt wird. Außerdem müsst ihr unbedingt im Voraus buchen und schon 15 Minuten vor dem vereinbarten Termin da sein.

Wer unsicher ist oder Höhenangst hat, kann einen persönlichen Trainer/eine Trainerin buchen. Es lohnt sich, denn künftig habt ihr dann vielleicht den Mut, auch alleine zu klettern.

> **UNSER TIPP**
> Arno gefällt das Freibad mit der Minigolfanlage gleich neben dem Kletterwald sehr gut. »Ich konnte meine Eltern sogar schon mal zum Zelten auf dem Campingplatz überreden. Das war ein richtig tolles Wochenende.«

« Das Sicherungssystem ist einfach und effektiv.

13 Jaderpark
Dreimal größtes Vergnügen

Heute schon einen Löwen gegrüßt? Wenn nicht, ist es höchste Zeit für den Tierpark im Jaderpark, rund 30 Kilometer südlich von Wilhelmshaven. Dort gibt es noch zwei weitere Bereiche: einen Freizeitpark für spannende Erlebnisse satt und die Spielscheune, ein Hit für Kinder bis zwölf Jahre.

Im Tierpark gibt es nicht nur Löwen zu bestaunen; er überrascht auch mit Antilopen, Nasenbären und Kängurus. Den Tieren zuzusehen, ist für viele Kinder schon ein prima Einstieg. Außer den Säugetieren sind auch Vögel im Jaderpark zu bewundern. Neben vielen kleinen, bunten Exemplaren sind zum Beispiel Störche und Pelikane mit von der Partie, rosa Flamingos, die im Wasser stehen, oder eine Schneeeule.

Danach könnt ihr direkt in den Freizeitpark wechseln. Dort ist der Löwenpalast als Spielplatz für alle DER Hit. Auch Rollstuhlfahrer können hier mitmachen. Es folgen zehn Mutproben zum Fahren, von der Wildwasserbahn über den Sky Glider bis zum Giraffenturm. Auch ein elektronisches Theater wie dieses mit 94 handgefertigten Puppen habt ihr bestimmt noch nicht erlebt. Dazupassende Texte und Lieder hat der Jaderpark extra schreiben lassen. Daneben gibt es Karussells und eine große Kletteranlage vom Feinsten, die ihr unbedingt ausprobieren müsst: den Grizzly Mountain. Auch eine riesige Minenanlage aus der Goldgräberzeit wurde hier nachgebaut. Ihr könnt also entweder bis zu 16 Meter hochklettern oder Gold waschen. Weiter geht es zum – oder manchmal auch ins – Wasser: Grizzly Bay hat fliegende Boote, eine Ebbe- und Flutanlage und eine Schlauchbootrutsche, die super Spaß bereitet. Es kann leicht sein, dass ihr dabei nass werdet – ihr solltet also entsprechende Kleidung einpacken.

Für Kinder bis zwölf Jahre ist die Spielscheune ganzjährig ein beliebtes Ziel zum Spielen und Klettern. Ob Tiefseilgarten, Piratenversteck, Wabbelberg oder Babyland, dem Bewegungsdrang der Jüngeren sind hier kaum Grenzen gesetzt.

Ob auf dem Wabbelberg oder im Grizzly Mountain – es macht viel Spaß. »

Anfahrt A 28 bis Jaderberg, östlich 3 km bis Jade; per Rad auf der Deutschen Sielroute; per Bahn www.nordwestbahn.de

Adresse Jaderpark, Tiergartenstr. 69, 26349 Jaderberg, Tel. 04454/911 30, www.jaderpark.de

Öffnungszeiten April–Okt. tgl. 9–18 Uhr, Nov.–März eingeschränkt, siehe www.jaderpark.de

Preise Kinder 3–12 Jahre 16,50 €, ab 13 Jahren 18,50 €, ab 65 Jahren 14 €, Geburtstagskinder frei, Winterpreise fast halbiert

Barrierefrei Überwiegend; eigene Spielanlage für Personen mit Geheinschränkungen

14 Wattenmeerhaus
Es geht auf Walfahrt

Das Wattenmeer Besucherzentrum in Wilhelmshaven bietet jede Menge Wissenswertes über das Leben am und im Wattenmeer und ist auch für die spannend, die sich einmal auf eine imaginäre Tauchfahrt in die Tiefsee begeben möchten. Ergänzt wird alles durch spannende Sonderausstellungen.

Schon der Ausblick von der Panoramaterrasse auf den Hafen ist grandios. Danach geht es aber um tiefere Einblicke, und zwar in die faszinierende Welt des Wattenmeers – höchst anschaulich gemacht, interaktiv und für alle Altersgruppen verständlich. Wisst ihr, was Salzwiesen sind, wie Fischerei funktioniert oder wie sich ein Sturm auf See anfühlt? Lasst euch überraschen, zum Beispiel im Sturmerlebnisraum! Beeindruckend ist auch die Leistung der Zugvögel dargestellt. Auf zwei Schwingen zwischen den Kontinenten unterwegs zu sein ist schon eine beachtliche Hin- und Herreise. Anschließend könnt ihr abtauchen in die Tiefsee, wo riesige Kalmare (das sind Tintenfische) wohnen. Dort aber leben auch Wale. Das Skelett eines vor der Ostfriesischen Insel Baltrum gestrandeten Pottwals, 14 Meter lang, ist hier zu sehen und hat eine Besonderheit: Innen sind mit Kunststoff überzogene Organe wie Herz und Lunge an den passenden Stellen angebracht.

Anschließend geht es auf eine Walreise. Im nachgebauten Tauchboot sind die Laute der Meeressäuger zu hören.

Anfahrt A 29 und B 210 bis Innenstadt Wilhelmshaven, Peterstr., Banter Weg, Emsstr., Parkplatz Südstrand; oder Urlauberbus, www.urlauberbus.info
Adresse Wattenmeer Besucherzentrum, Südstrand 110b, 26283 Wilhelmshaven, Tel. 04421/910 70, www.wattenmeer-besucherzentrum.de
Öffnungszeiten Jan.–März, Nov./Dez. Di–So 10–17, April–Okt. tgl. 10–17 Uhr, Juli/Aug. bis 18 Uhr
Preise Kinder 6–17 Jahre 3,50 € (mit Sonderausstellung 4,80 €), Erwachsene 6,50 € (8,50 €)
Barrierefrei Ja

Mit Max und Paula
Durch das Marinemuseum

Historische Zusammenhänge zu verstehen ist oft eine Überforderung für junge Menschen. Mit einem Hörspiel präsentiert das Marinemuseum unter dem Motto »Menschen – Zeiten – Schiffe« Geschichte höchst kindgerecht, ohne zu glorifizieren.

Eine Hafenrundfahrt gefällig? Im Anschluss an den Rundgang durch die Epochen der Marine, in der Technik und Geschichte eine große Rolle spielen, steht die Motorbarkasse bereit (bitte extra buchen!). Zwischen April und Oktober könnt ihr mit dem flachen Schiff, das große Fenster hat, auf eine kleine Reise gehen. Dazu gibt es ein paar leicht verständliche Erklärungen. Das Freigelände des Marinemuseums liefert auch schon Einblicke in große Schiffe. Da liegt das Schnellboot »S71 Gepard«, auch der Lenkwaffenzerstörer »Mölders« ist zu sehen. Mit kleinen Videofilmen lässt sich das Leben im Inneren der Schiffe nachverfolgen. Und auch ein U-Boot, das bis 1993 in der Ostsee im Einsatz war, ist zu besichtigen. Innen im Haus sind drei Räume unter dem Motto »Menschen – Zeiten – Schiffe« mit Objekten, Bildern und Beschreibungen bestückt. Es geht um die Rolle der Matrosen bei der Revolution von 1918 oder um die Marine heute. Die Hörführung »Mit Max und Paula durch das Marinemuseum« ist leicht verständlich. Das Gerät dazu lässt sich für zwei Euro ausleihen und liefert parallel zum Text für Erwachsene eine kindgerechte Ansprache.

Anfahrt A 29 und B 210 bis Innenstadt Wilhelmshaven, Peterstr., Banter Weg, Emsstr., Parkplatz Südstrand; oder Urlauberbus, www.urlauberbus.info
Adresse Stiftung Deutsches Marinemuseum, Südstrand 125, 26382 Wilhelmshaven, Tel. 04421/40 08 40, www.marinemuseum.de
Öffnungszeiten Tgl. 10–18, Nov.–März bis 17 Uhr
Preise Kinder 6–14 Jahre 5 €, ab 15 Jahre und Erwachsene 11,50 €, Barkassenfahrt extra
Barrierefrei Ja

Anfahrt Nahe der A 29 im nördlichen Teil Wilhelmshaven, Abfahrt Preußenstr.
Adresse Störtebeker Park, Freiligrathstr. 426, 26386 Wilhelmshaven,
Tel. 04421/649 54,
www.stoertebekerpark.de
Öffnungszeiten Anfang April bis Anfang Okt. Mo–Do 9–15, Fr 9–18, Sa/So 14–18 Uhr, im Winter eingeschränkt
Preise Kostenlos, Spende erbeten
Barrierefrei Ja

Störtebeker Park
Spielerisch Natur erleben

16

Umgeben von Straßen und dem Siel, ist diese Oase für Natur in Wilhelmshaven ein schönes Beispiel für vieles. Es ist ein soziales Projekt, vermittelt Umweltwissen und Gruppengefühl, bietet Feuerkorb-Abende und ist nicht zuletzt eine hervorragende Spielwiese mit 20 Stationen.

Am besten, ihr schaut erst mal auf den Übersichtsplan. 20 Nummern stehen darauf, und für jedes Alter lässt sich etwas finden zum Spielen, Toben und Entdecken. Ob Spielschiff, Geisterhaus oder Weidenhütte, Leuchtturm mit Rutsche, Bouleplatz oder »Schiff über den See« – es sind ganz tolle Stationen aufgebaut. Und das Beste: Deren Nutzung ist kostenlos, denn es handelt sich um ein soziales Projekt. Arbeitslose junge Menschen, die in die Berufswelt eingegliedert werden, wurden beim Aufbau des Parks und werden weiterhin bei den Veranstaltungen gefördert.

Beliebt sind die Feuerkorb-Abende freitags am Ende des Monats. Es gibt auch öfter Führungen und Workshops sowie vielerlei Aktionen. Für die Kinder und Jugendlichen, die den Park betreten, spielt die Schulung von Umweltschutz eine wichtige Rolle. Solaranlagen für Warmwasser und Strom sind da, Grasdächer oder eine Schilfkläranlage. Das spielerische Erleben von Natur und Umwelt steht dabei im Mittelpunkt, weshalb Jüngere diesen Park lieben. Manche erkennen sogar Nachbauten historischer Häuser aus dem Raum Wilhelmshaven wieder. Sie sind hier im Maßstab eins zu vier aufgestellt und auch für Gäste aus der Entfernung eine hübsche Bereicherung. Das ist mit dem Pfannkuchenhaus im Übrigen nicht anders. Darin werden leckere Pfannkuchen serviert, die Ehrenamtliche backen. Eis, Kaffee, Tee, selbst gebackener Kuchen sind auch erhältlich. Für Gruppen steht eine Grillhütte bereit.

UNSER TIPP

Timo ist immer noch beeindruckt: »Wenn ich es nicht selbst gesehen hätte ... Im Aquarium Wilhelmshaven füttern sie die Seehunde mit Fischen, die eine Drohne von oben fallen lässt. Wie genial!«

« Bei den Feuerkorb-Abenden gibt es immer viel zu erzählen.

17 Zu Krabben und Seehunden
Mit der »Möwe«

Zwei unvergessliche Stunden auf See: Vom bildhaft schönen Hafen Neuharlingersiel geht es mit dem Fischkutter »Möwe« vorbei an den Inseln Spiekeroog und Langeroog hinaus in die Nordsee. Wenn ihr viel sehen möchtet, solltet ihr euer Fernglas auf keinen Fall vergessen!

Krabben werden mit Schleppnetzen gefischt. Das einmal vom Schiff aus zu erleben, ist großes Kino. Die Netze hängen in der Höhe nahe am Mast und werden dann heruntergefahren. Das Schiff zieht sie durchs Wasser. Wenn der Skipper meint, dass genug Tiere in den Netzen sind, zieht er sie wieder hoch. An Bord wird dann grob sortiert, denn es ist auch viel Beifang – also große und kleine Fische – dabei. Ein Teil davon kann weiterleben und kommt zurück ins Meer. Bei Fischen gibt es nämlich eine Mindestgröße, und die Kleinen müssen unbedingt wieder zurück in die Nordsee. Seht euch nun die Krabben aus der Nähe an. Wer möchte, kann sie puhlen. Das ist mühsam, kann aber auch zum Vergnügen werden, wenn man es ein wenig geübt hat. Der Kapitän zeigt es euch gerne.

UNSER TIPP
Die kleine Jessica hat mit ihren Eltern einen Tagesausflug von Neuharlingersiel nach Spiekeroog gemacht und erzählt begeistert: »Alle Kinder fahren im Bollerwagen, ich auch. Autos gibt es da gar keine. Dafür lecker Eis!«

Neben den Fahrten zum Krabbenfischen sind auch Fahrten zu den Seehundbänken im Fahrplan. Dort kann man diese drolligen Tiere ganz aus der Nähe sehen. Packt auf jeden Fall ein Fernglas ein – es lohnt sich! Die Seehunde sonnen sich gerne auf den Sandbänken, dösen manchmal oder robben sich ins Wasser, was richtig lustig anzusehen ist. Der Skipper erzählt euch auch Wissenswertes zur Bedrohung der Robben, zum Bestand und wie er sich in den jüngsten Jahren erholt hat. Anschließend führt der Mann am Steuerrad euch das Schaufischen vor. Wer nun selbst Lust bekommen hat, kann mit auf eine siebenstündige Angelfahrt gehen.

Seehunde haben es auch nicht leicht – obwohl es so aussieht. »

Anfahrt Auf der B 210 über Jever und Wittmund, dann über die B 461 und Carolinensiel nach Neuharlingersiel, rechts ab zum Parkplatz am Anleger
Adresse Abfahrt im Hafen Neuharlingersiel, buchen bei Heinz Steffens, Mittelplate 8, 26427 Neuharlingersiel, Tel. 04974/12 09, www.fischkutter-moewe.de
Öffnungszeiten Mai–Sept., www.fischkutter-moewe.de
Preise Kinder 4–17 9 €, Erwachsene 17 €
Barrierefrei Nein

Anfahrt Auf der B 210 über Jever und Wittmund, dann über die B 461 und Carolinensiel nach Neuharlingersiel, 1,5 km westlich vom Hafen; auch mit Flixbus erreichbar
Adresse Windloop Kite & Windsurfschule, Edo-Edzards-Str. 1, 26427 Neuharlingersiel, Tel. 0151/70 16 69 66, www.windloop.de
Öffnungszeiten April–Okt. tgl.
Preise Einsteigerkurs Kitesurfen: Schüler/Studenten bis 28 Jahre 10 Std., an 2 Tagen 219 €; günstige Übernachtungsmöglichkeiten
Barrierefrei Nein

Kitesurfen in Neuharlingersiel
Folge dem Wind!

18

Gerade für Anfänger im Kitesurfen ist das flache Wasser vor Neuharlingersiel ideal. Windloop hat ein wunderbares Camp mit Strandbar geschaffen und schult professionell. Auch Windsurfen und Stehpaddeln sind im Angebot – für Wasserspaß ohne Grenzen.

»Fabbel«, der Besitzer und Trainer von Windloop, hat sich das Kitesurfen selbst beigebracht. Das war 1999 in Spanien. Seitdem lässt ihn diese Art der Fortbewegung nicht mehr los. Schon 2004 kamen die besten Kiter/-innen aus Deutschland nach Neuharlingersiel, um die perfekten Bedingungen dort für ihr Training zu nutzen. Der Wind ist perfekt, die Stehtiefe gerade für Anfänger/-innen ideal, und an Land sind urige Hütten, Grill sowie die Strandbar mit Sitzecken für alle vorhanden, die zusehen wollen. Die prima Stimmung, die »Fabbel« und die anderen Trainer/-innen verbreiten, hat natürlich ebenfalls einen hohen Anteil am Erfolg. Aber Windloop hat auch jede Menge Erfahrung, das Training ist hochprofessionell und genau abgestimmt. Wer sich schließlich zum ersten Mal von Segel und Wind über die kleinen Wellen ziehen lässt, erlebt ein wahrhaft einmaliges Hochgefühl. Und das Schöne: Mit anderen zusammen lernen und üben, das macht noch viel mehr Spaß.

Daneben werden auch Kurse im Windsurfen angeboten, die genau so viel Freude bereiten. Schnupperstunden gibt es ab 19 Euro. Stehpaddeln ist als ruhiger Ausgleich hier ebenfalls möglich, kurz: Alles, was Wasser und Wind zu bieten haben, wird hier praktiziert. Übrigens werden Aufbau- und Schnupperkurse in allen Bereichen auch auf der Halbinsel Schillig im Wangerland weiter östlich gegeben. Und in Krummhörn/Upleward bei Emden gibt Windloop weitere Kitesurfkurse. »Fabbel« betont: »Bei uns hast du überall genug Platz zum Üben, wir sind nicht überbucht. Alle sollen ihren vollen Spaß an den Kursen haben und danach natürlich auch.«

« Kitesurfen lernen macht richtig Spaß mit den richtigen Leuten.

19 Watt-Safari in Bensersiel
mit Willy Wattwurm

Für fünf- bis zehnjährige Forscher/-innen ist dies der ultimative Ausflug schlechthin. 1,5 Stunden im Watt herumstapfen, nach Tieren graben, sie beobachten … matschen und fröhlich sein gehören sowieso dazu. Was will man mehr?

Wenn du möchtest, kannst du deinen eigenen Eimer mitbringen. Wenn nicht: Schaufel, Kescher und Becherlupe liegen schon bereit. Und schon geht es los ins Watt vor der Küste von Bensersiel, da, wo am Hafen die Schiffe nach Langeroog abfahren. Keine Angst, es wird keine lange Wattwanderung; vielmehr sollt ihr euch 1,5 Stunden im Watt vor euren Füßen genau umschauen und graben. Was da alles lebt! Und wie clever Vögel sind! Das alles erfahrt ihr und noch mehr. Nur bitte nicht barfuß gehen, denn die Muscheln im Watt haben meistens scharfe Kanten. Deshalb unbedingt Gummistiefel, feste Schuhe oder Beachies anziehen.

Für Fünf- bis Zehnjährige ist diese Watt-Safari zu Willy Wattwurm und seinen Freunden, die von April bis Oktober angeboten wird, genau richtig, allerdings sollte eine volljährige Person die Kinder begleiten. Bei schlechtem Wetter, das es bekanntlich an der Küste gar nicht gibt, startet im Wattenhuus die Entdecker-Rallye. Dort, im Nationalpark-Haus, gibt es ohnehin viel zu entdecken – zum Beispiel im Aquarium. Und auch eine Familien-Rallye für Detektive von drei bis 99 Jahre ist im Programm.

Anfahrt Von der L 210 Aurich-Wittmund nördlich nach Esens abbiegen, von dort nach Bensersiel; Bus: www.urlaubsbus.info oder Anreise mit Flixbus

Adresse Esens-Bensersiel Tourismus GmbH, Am Strand 8, 26427 Bensersiel, Tel. 04971/91 70, www.bensersiel.de
Öffnungszeiten www.bensersiel.de, Watt-Safari eingeben
Preise 4,50 €, mindestens 5 Teilnehmer
Barrierefrei Nein

Drachenfest in Schillig
Der Himmel wird bunt!

Drachen in allen möglichen Farben und Formen steigen zum Himmel auf, während unten am Strand von Schillig ein ebenso munteres Treiben herrscht. Dort stehen Buden bereit, an Bars wird kräftig ausgeschenkt – ein ausgelassenes Fest für die ganze Familie.

Vor der Kulisse großer Schiffe, die auf der Jade nach Wilhelmshaven fahren, wird beim Internationalen Drachenfest in Schillig der Himmel farbenfroh. Das liegt an der Vielzahl an Drachen, denn jede und jeder kann mitmachen. Und so gibt es kleine und große, lange und kurze, runde und eckige Flugobjekte. Es ist ein wehendes Mosaik aus Farben und Formen.

2005 wurde das Fest zum ersten Mal veranstaltet. Seitdem wird es jährlich im Sommer wiederholt. Einzelne erinnern sich an riesige Drachen von rund 600 Quadratmetern Fläche. Andere wissen zu erzählen, wie sie die Leinen nicht mehr halten konnten, da es so windig war. Und schon segelte der Drache weit weg über die Nordsee.

Jahr für Jahr pilgern inzwischen sehr viele Menschen an den Strand von Schillig, um mitzufeiern. Dort sind Essstände, Verkaufsbuden und Bars aufgebaut – es herrscht ein munteres Treiben, untermalt von Musik. Wer sich einen Überblick über das bunte Himmelszelt verschaffen möchte, klickt die Webcam auf der Seite der Wangerland Touristik an. Da sind Hunderte von Flugobjekten sehr scharf zu sehen – ein eindrucksvolles Bild.

Anfahrt Von Wilhelmshaven aus auf der L 810 über Hooksiel und Horumersiel auf die Halbinsel Schillig

Adresse Strand Schillig, Schilliger Düne, 26434 Wangerland-Schillig, Veranstalter: Wangerland Touristik GmbH, Zum Hafen 3, Tel. 04426/98 70, www.wangerland.de

Öffnungszeiten Juli

Preise Kostenlos

Barrierefrei Ja

21 Phänomania Carolinensiel
Total verblüffend

Was ist ein Flaschenzug? Und wie funktioniert er überhaupt? Hier an der Nordseeküste, in Carolinensiel, könnt ihr den vielen Alltagsphänomenen und Sinnestäuschungen an 80 interaktiven Stationen auf die Spur kommen. Eine reizvolle Reise, die den Geist schult und das Bewusstsein schärft.

Von wegen »anfassen verboten«. Im alten Bahnhof von Carolinensiel geht es an 80 interaktiven Stationen genau darum: ums Forschen und Entdecken. Für jedes Alter warten spannende Herausforderungen: Es gibt zum Beispiel physikalische Phänomene, die nicht jedem geläufig sind. Hier könnt ihr sie erleben. Es gibt Sinnestäuschungen, die überraschen. Kannst du deinem eigenen Schatten davonlaufen? Welche Kräfte wirken auf einen Astronauten im All? Das meiste können Eltern mit ihren Kindern gemeinsam ausprobieren – hier wird gezogen, da nachgedacht … Oft tauchen auch Fragen auf, bei denen die Beschreibung an der Station nicht weiterhelfen kann; dann solltet ihr die kompetente Ausstellungsbetreuung kontaktieren. Wusstet ihr übrigens, dass selbst Kinder ein Auto heben können? Wie Kräfte genau wirken, wird in der Phänomania Carolinensiel sehr anschaulich an einem Flaschenzug erläutert.

Manche Kinder kommen in einer Gruppe und feiern hier ihren Geburtstag – lehrreich und lustig zugleich. Eintreten und ausprobieren lautet das Motto. Wer sich als Erzieher/-in oder Lehrer/-in vorher einen Überblick verschaffen möchte, um seine Gruppe besser auf den Besuch vorzubereiten, ist zu Infoführungen eingeladen. Sie dauern eine halbe Stunde und geben den Erwachsenen gute Anhaltspunkte, beispielsweise auch, wie und wo sich Erzieher informieren können, um später – bei den vielen Fragen der Kinder – nicht ganz dumm dazustehen. Am Ende wird im Café alles noch einmal durchgesprochen. Wie schön, nun so viel mehr über Alltagsphänomene zu wissen als die anderen.

. . . .
Es gibt Momente im Leben … es wird jedenfalls spannend. ❯❯

Anfahrt Von Wittmund auf der B 461 nach Norden, abzweigen nach Carolinensiel
Adresse Phänomania Carolinensiel, Bahnhof Carolinensiel 3, 26434 Wangerland, Tel. 04464/94 24 94, www.phaenomania-carolinensiel.de
Öffnungszeiten Mitte März bis Anfang Nov., 27.–30. Dez., 2.–5. Jan. tgl. 10–18 Uhr
Preise Kinder 3–5 Jahre 5,50 €, 6–17 Jahre 7,50 €, Erwachsene 9,50 €
Barrierefrei Ja

Anfahrt Fähre von Harlesiel nach Wangerooge, Zedeliusstr., dann am Brunnen rechts

Adresse Nationalpark-Haus Rosenhaus, Friedrich-August-Str. 18, 26486 Wangerooge, Tel. 04469/83 97, www.nationalparkhaus-wangerooge.de

Öffnungszeiten März–Okt., www.nationalparkhaus-wangerooge.de

Preise Kinder 4–14 Jahre 4 €, ab 14 Jahren und Erwachsene 5 €

Barrierefrei Ja, eventuell Strandrollstuhl im Kurhaus bestellen (www.wangerooge.de)

Wangerooge
Das Forschungsabenteuer Strand 22

Dieser Ausflug an den Nordstrand von Wangerooge ist auf jeden Fall ein Erlebnis. Zum einen erfahrt ihr viel über diese Insel, und zum anderen erforscht ihr mit anderen gemeinsam, was die Nordsee gerade so angespült hat: kleinste Tiere, Reste von … tja, lasst euch überraschen!

Ihr kennt doch sicher ein Seepferdchen. Wenn ihr es in den weichen Sand zeichnet, seht ihr die Umrisse von Wangerooge, denn die gleichen sich. Hübsch, oder? Nun stellen die Ranger vom Nationalpark-Haus, die diese kleine Forschungsreise zum »Spülsaum« der Nordsee leiten, ein paar Modelle auf: den alten Leuchtturm, den Westturm … Wohin genau sie gehören, könnt ihr dann richtig platzieren. Schließlich sollt ihr Wangerooge genauer erkunden. Und schon geht es um Dünen und Deiche, ums Watt und seine Lebewesen. Nun sammelt ihr am Nordstrand zehn Minuten lang alles, was das Meer in den zurückliegenden Stunden angespült hat – sicherlich teils ganz schön beachtliche Fundstücke: Muscheln, Krebse, Schnecken, Algen … Mit der Gruppe und dem Ranger werden sie einzeln begutachtet, und ihr erfahrt dabei auch viel über die Tiere und ihr Leben. Was essen Muscheln eigentlich? Wie leben Krebse? Vermutlich habt ihr – leider – auch eine Menge Müll gefunden. Und schon seid ihr bei einem ganz eigenen Thema: Wie kommt all das ins Meer? Und wie lange hält es sich dort? Mikroplastik, also kleinste Teile von unverdaulichen Stoffen, ist ein großes Problem für Meeresbewohner und Vögel. Denn sie verwechseln es mit Nahrung und versuchen es zu fressen. Und so wird eure kleine Forschungsreise reich an Erkenntnissen sein, sehr lebensnah und anschaulich, über die ihr später euren Eltern berichten könnt.

UNSER TIPP

Seit Annika den neuen Dünenspielplatz (Richtung Haus Bielefeld im Westen des Ortes) entdeckt hat, ist sie von dort nicht mehr wegzubekommen. »Da steht ein richtiger Leuchtturm mit Rutsche«, erzählt sie begeistert. Und auch im neuen Holzschiff hat sie schon gespielt.

« Was sich am Spülsaum so alles findet …

23 Seehundstation Norddeich
Voller niedlicher »Heuler«

Wenn junge Seehunde gefüttert werden, ist das toll anzusehen. Zack, und schon haben sie den Fisch. Mehr über das Schicksal der Seehunde, das Wattenmeer und das richtige Verhalten, wenn man einen »Heuler« am Strand entdecken sollte, vermittelt das Nationalpark-Haus.

»Heuler« – die Rede ist nicht von schreienden Kindern, sondern von (schreienden) jungen Seehunden. Sie haben meistens keine Eltern mehr oder wurden durch Störungen von ihrer Mutter getrennt. Was Störungen sind, erfahrt ihr bei einer Führung in der Seehundstation Norddeich. Die meisten der dort lebenden Seehunde wurden allein am Strand gefunden. Die Station gibt ihnen Namen, und so leben hier zum Beispiel »Frodo«, »Tom« oder »Flocke«. Die Mitarbeiter/-innen ziehen sie auf, entlassen sie aber wieder in die Freiheit, sobald sie groß genug sind. In der Regel sind 15 bis 20 Seehunde und mehr als zehn Kegelrobben in der Station zu sehen.

Solltet ihr zwischen Juni und August einen »Heuler« am Strand sichten, bitte unbedingt Abstand halten (300 Meter) und das Tier auf keinen Fall anfassen, sondern die Notfallnummer 04931/97 33 030 anrufen, damit der Fall geprüft werden kann. Von September bis Mai sind es selbstständige Tiere – dann bitte nur melden, wenn sie verletzt sind.

Da die Seehundstation gleichzeitig das Nationalpark-Haus ist, könnt ihr dort auch viel über die »Tankstelle« für Zugvögel, also das Wattenmeer, erfahren. Seit 2013 ziert ein Walrossmodell die Ausstellung.

Anfahrt Auto: A 31 nach Emden, über die B 210 und B 72 über Norden nach Norddeich; Bahn: bis Norddeich-Mole
Adresse Seehundstation Nationalpark-Haus, Dörper Weg 24, 26506 Norden, Tel. 04931/97 33 30, www.seehundstation-norddeich.de
Öffnungszeiten Tgl. 10–17 Uhr; Fütterung: 11 und 15 Uhr
Preise Kinder 4–17 Jahre 4 €, Erwachsene 7 €; Kombikarte mit dem Waloseum möglich
Barrierefrei Ja

Waloseum Norddeich
Die Welt der Meeressäuger

24

Rund fünf Kilometer östlich der Seehundstation liegt das Waloseum Norddeich – der perfekte Ort, um den beeindruckenden Walen ein Stück näher zu kommen. Darüber hinaus bietet das Haus aber auch wunderbare Eindrücke über die Vogelwelt, die hier an der Küste lebt.

Was ist ein Knutt? Und wo leben Basstölpel? Das sind nur ein paar Fragen, die im Waloseum beantwortet werden, denn dort gibt es jede Menge über die Vogelwelt an der Nordseeküste und im Wattenmeer zu erfahren. Anfassen und mitmachen lautet das Motto.

Das eigentliche Hauptthema sind aber die Wale. Sie faszinieren die Menschheit seit alters her. Die Gesänge dieser Meeressäuger wurden aufgenommen und sind in der Ausstellung zu hören. Und ihr könnt ihre Reise durch die Ozeane nachverfolgen. Auch das Leben der verwandten Delfine wird hier ausgiebig beleuchtet. Das Skelett eines mächtigen, 15 Meter langen Pottwals ziert das Haus innen. Er strandete im Jahr 2003 vor Norderney. Warum das immer wieder geschieht, wissen die Forscher nicht genau. Meistens biegen die Pottwal-Männchen auf dem Weg von der Arktis in den Atlantik falsch ab und erreichen die Nordsee. Dort finden sie nicht genug Nahrung. Oft sind es auch Schiffsgeräusche unter Wasser, die die Wale irritieren und vom Weg abkommen lassen.

Eine Sonderausstellung über die Küstenfunkstelle Norddeich Radio, die früher hier im Haus ansässig war, rundet den Besuch des Waloseums ab.

Weg 3, 26506 Norden,
Tel. 04931/97 33 30,
www.seehundstation-norddeich.de

Anfahrt A 31 nach Emden, über die B 210 und B 72 über Norden nach Norddeich; Bahn: bis Norddeich-Mole
Adresse Waloseum, Osterlooger

Öffnungszeiten Tgl. 10–17 Uhr
Preise Kinder 4–17 Jahre 4 €, Erwachsene 7 €; Kombikarte mit Seehundstation möglich
Barrierefrei Ja

25 Birgits Tiergarten
Jede Menge fotogener Momente

Lustiges, Drolliges, Skurilles, Entzückendes … in Birgits Tiergarten gibt es viele Szenen mit Tieren, die sich lohnen fotografiert zu werden. Neben einem Streichelzoo und obligatem Spielplatz könnt ihr insgesamt 23 Stationen erkunden und, wenn ihr wollt, sogar eine Tierpatenschaft übernehmen.

Am besten schaut ihr euch schon vor dem Besuch die Übersichtskarte im Internet an. Da findet ihr alle 23 Stationen, in denen sich die Tiere aufhalten – zum Beispiel einige Lamas mit kuscheligem Fell, noch mehr drollig blickende Streifenhörnchen, Milchschafe und Silbermöwen als typische Bewohner Ostfrieslands, aber auch Affen, Esel oder Ponys. Rund 400 Tiere sind auf dem etwa 2,8-Hektar-Gelände zu erleben. Teilweise können sie sich frei im Tiergarten bewegen. Eine Streichelwiese gehört natürlich auch dazu. Da bekommt ihr direkten Kontakt mit Tieren, die gerne von euch gestreichelt werden wollen. Ein Spielplatz ist ebenfalls vorhanden, und im Terrassencafé mit herrlichen Kuchen und Getränken legen auch die Eltern gerne eine Pause ein.

Wer gerne fotografiert, sollte Fotokamera oder Smartphone einpacken. Die Tiere posieren gerne, und es gibt zahlreiche wunderbare Momente festzuhalten. Einige und ein paar Videos findet ihr auf der Internetseite des Tiergartens. Und wenn ihr euch in ein Tier ganz besonders verliebt, könnt ihr auch eine Tierpatenschaft übernehmen. So bleibt ihr mit dem Tier in Kontakt und unterstützt den Tiergarten gleichzeitig mit einem kleinen Betrag. Die Tiere werden es euch danken.

UNSER TIPP

Tabea war mit ihren Eltern in Aurich im MachMitMuseum. »Das war spannend; da konnte ich zum Thema ›Reise zum Mittelpunkt der Erde‹ was basteln«, erzählt sie. »Und nächstes Jahr gibt es ein neues Motto!«

Ziegen meckern? Sie sind vor allem niedlich! »

Anfahrt Mitten zwischen Emden, Aurich und Norden gelegen, B 72, Tom-Brook-Str. von Süden, Kirchstr. von Norden

Adresse Birgits Tiergarten, Tannenstr. 18, 26529 Rechtsupweg, Tel. 04934/13 45, www.birgits-tiergarten.de
Öffnungszeiten März–Okt. tgl. 10–18 Uhr, Nov.–Feb. Fr–So 10–17 Uhr
Preise Kinder 2–14 Jahre 3 €, Erwachsene 5 €
Barrierefrei Ja

Anfahrt Zwischen Esens und Norddeich an der Küstenstr., in Neßmersiel südlich der Hauptstr./altes Bahnhofsgebäude

Adresse Störtebekerstr. 18, 26553 Dornum-Neßmersiel,

Tel. 04933/87 99 80, www.sturmfrei-nessmersiel.de

Öffnungszeiten März–Nov. tgl. 10–18 Uhr, Jan.–Mitte März Do, Fr 14–18, Sa/So 11–18 Uhr

Preise Urlaubsgäste aus Dornum frei mit Nordsee-ServiceCard, aus Partnerorten Kinder 4,50 €, Erwachsene 2,50 €

Barrierefrei Überwiegend

Sturmfrei in Neßmersiel
Zwei Hallen zum Toben

Der Indoor-Spielpark in Neßmersiel (von dort fährt die Fähre nach Baltrum ab) besteht aus zwei Hallen. Da ist fast alles möglich, was euch Spaß macht – von Billard über Bowling bis Bouldern. Ein Kino gehört auch dazu, um zum Beispiel Pippi Langstrumpf zu treffen.

Von oben fällt Tageslicht in die großen Hallen. So kann man sehen, ob es gerade oder noch oder schon wieder regnet. Hier drinnen aber bleibt ihr in jedem Fall trocken. Mit mehr als 3.000 Quadratmetern ist dieser Indoor-Spielplatz an der Nordseeküste riesig – gut 100-mal größer als euer Wohnzimmer, so ungefähr jedenfalls. Und natürlich voll mit Attraktionen, die Spaß machen: In Halle eins zum Beispiel Airhockey und Kicker. Oder eine Lounge mit großem Schachspiel. Sogar Massagestühle könnt ihr belegen. Ihr geht auf die Eventbühne, springt Trampolin und spielt Fußball. In der zweiten Halle geht es weiter: Dort steht eine Kletterburg, die über drei Etagen reicht – wirklich gigantisch. Eine interaktive Reaktionswand fordert euch heraus. Die Boulderwand zum Klettern ist ein weiteres Highlight. Billard, Dart und Poolball sind ohnehin schon Klassiker, die fast jeder kennt. Und es gibt auch noch eine Minibowlingbahn und verschiedene Videospiele.

UNSER TIPP

Der sechsjährige Stan durfte alleine am Ferienkurs »Sonnengruß & Obstsalat« von Lenzi's Kinderklub teilnehmen – und war anschließend sehr entspannt: »Wir haben Yoga gemacht und eine Reise im Traum; und danach noch einen Obstsalat«, erzählt er glücklich.

Außerdem laufen in der Hauptsaison dreimal täglich Filme, für die ihr keinen zusätzlichen Eintritt bezahlen müsst – mit echten Hinguckern wie Pippi Langstrumpf, Tim & Struppi oder Ice Age. Ach so, klar, ihr könnt von hier auch noch zum Nordseestrand nach Dornumersiel schauen und sehen, was da gerade so los ist. Die Webcam läuft schon …

« Mit der Schlange ist hier gut zu spaßen.

27 North Bound Aurich
Südsee mit Wakeboard

Es gibt ein paar einfache Regeln, die euch beim Wakeboard und Wasserski helfen, zum Beispiel: Der Reißverschluss beim Neoprenanzug gehört nach hinten. Hier, im hohen Norden bei Aurich, verbindet sich dieses Vergnügen – man glaubt es kaum – mit einem optimalen Strand-Feeling! Also ab in die Beach Bar!

Wer das Ticket gekauft hat, kommt zunächst an der Beach Bar vorbei. Rechts geht es zur Liegewiese, doch die kann warten. Denn erst geht es auf dem Badesee Tannenhausen rund. Beim Full Size Cable steht man auf dem Wakeboard und wird im Kreis durchs Wasser gezogen. Die Hindernisse kann man mitnehmen oder erst einmal daran vorbeifahren – ein richtig cooler Spaß. Sechs Masten, acht Mitnehmer und 650 Meter, so lauten die Eckdaten. Es gibt zehn Hindernisse und daneben noch zwei Zwei-Mast-Systeme, jeweils sechs Meter hoch. Am besten, ihr bucht zunächst einen Einsteigerkurs, da kann eigentlich nichts schiefgehen. Helm, Weste, Neopren und Wasserski oder Wakeboard werden dabei gestellt. Wasserski zu lernen, finden die meisten übrigens einfacher. Dabei steht ihr auf zwei Brettern, die es euch erleichtern, das Gleichgewicht zu halten. Bei Kindern liegt das Mindestalter bei etwa sechs Jahren.

Anschließend kommt die Chill-out-Area ins Spiel. In Holzmöbeln oder Liegestühlen kann man dort entspannen. Es gibt coole Drinks von der Bar und echtes Südsee-Feeling beherrscht die Atmosphäre. Am Badestrand stehen Liegen – übrigens die Logenplätze, wenn ihr das Geschehen in der Wakeboard-Anlage beobachten wollt. Denn was macht mehr Spaß, als anderen dabei zuzuschauen?

Darüber hinaus gehören ein großer Spielplatz und ein Piratenschiff mit Goldschürfen zur Anlage, ihr könnt Stehpaddel und Tretboote ausleihen, es gibt natürlich Eis, Burger und Pommes (alles in der Beach Bar). Nun muss nur noch der Sommer nach North Bound Aurich kommen. Obwohl: South Bound wäre passender – der Süden ruft!

Mit dem Wasser spielen, will gelernt sein – daher: Helm tragen. »

Anfahrt Rund 10 km nördlich von Aurich, links der Dornumer Str., parken am Eingang Stürenburgweg 44 (kostenlos)
Adresse North Bound Aurich, Badesee Tannenhausen, Stürenburgweg 44, 26607 Aurich, Tel. 04941/969 50 40, www.northboundaurich.de
Öffnungszeiten April–Okt.
Preise Einsteigerkurse: Jugendliche 24 €/2 Std. Wasserski, 39 €/2 Std. Wakeboard, Erwachsene 28 €/44 €, Zeitkarten Jugendliche 14 €/1 Std., Erwachsene 18 €
Barrierefrei Nein

Anfahrt Zwischen Leer und Emden, A 31, Ausfahrt 6/Richtung Oldersum, in Hoher Sand auf Ihlower Str., Zum Sportzentrum, links in Brandhalmweg, dann Brentgrasweg

Adresse Sand+WaterWerk Simonswolde, Brentgrasweg 7, 26632 Ihlow, Tel. 04929/15 35, www.simonswolde.net
Öffnungszeiten Di–Do 8.30–15.30, Fr bis 13.30 Uhr und an Aktionstagen
Preise Eintritt frei, Spende erwünscht
Barrierefrei Ja

Sand+WaterWerk Simonswolde
Freier Erlebnisgarten

28

Für Kinder öffnet sich hier, mitten in Ostfriesland, ein kleines Freigelände. Da geht es um Spaß mit Wasser und Umwelt und auch um Erlebnispädagogik. Toll sind die anregenden Veranstaltungen, die der Verein auf die Beine stellt und mit denen alle Generationen angesprochen werden.

Das Sand+WaterWerk Simonswolde ist ein Wasser-Erlebnis-Garten. Spaß, Natur und Herausforderung stehen im Mittelpunkt. Das Gelände wurde dazu ansprechend und vielfältig von einem Landschaftsplaner gestaltet. Ein Flusslauf mit Teich gehört dazu. Einst stand hier das örtliche Freibad in Simonswolde. Nun ist ein erlebnispädagogisches Refugium entstanden, das Antworten auf viele Fragen geben kann: Wer lebt im Teich? Wie funktioniert ein Luftkissenboot? Spielerisch werden Kinder in dieser Umgebung an das Stellen von Fragen und die Suche nach Antworten herangeführt. Dazu haben die Initiatorinnen und Initiatoren eine ganze Reihe von Veranstaltungen ins Leben gerufen, zum Beispiel Lesungen mit Musik oder Werken mit Y-Tong-Steinen.

Links neben dem Eingang ist im Blockhaus eine Tauschbibliothek untergebracht. Da könnt ihr euch bedienen, ein Buch mitnehmen, ein neues hineinstellen oder das alte wieder zurückbringen. Kinder- und Sachbücher sind auch viele dabei. Ähnlich funktioniert Food Swap. Dort werden Lebensmittel getauscht, die die Gäste selbst hergestellt haben. Dann wird gemeinsam in gemütlicher Runde gegessen. Basar, Frauenfrühstück, Gartenpartie oder Hüttenzauber sind weitere Stichpunkte, die das Vereinsleben veranschaulichen und zeigen, welch umfassendes Bild von einem nachhaltigen Leben hier vermittelt werden soll.

« Ob im Kahn, auf der Brücke oder mit der Fähre, das Erlebnis zählt.

29 LandErlebnis Janßen
Ammerland wie früher

Traktor fahren, baggern und matschen – fast wie im richtigen Landleben. Auch eine Suchaktion in der umgedrehten Scheune und bestes »Landfutter« im Appelhus probieren gehören dazu. Anschließend geht es mitten hinein ins Mais-Labyrinth.

Das schöne alte Landleben – hier feiert es ein Fest. Bei der Ankunft werdet ihr gleich von Esel Hans und Heinrich begrüßt. Die umgedrehte Scheune verblüfft alle, und Traktorfahrt, Kuscheltiere und Familie Gänseklein bereiten auf das Landleben vor. Doch die meisten zieht es als Erstes am Eingang, gegenüber vom Parkplatz, in das große Appelhus. Hier drinnen gibt es nicht nur eine Apfelmanufaktur und einen Spielplatz, sondern auch eine Murmelbahn und eine Kreativ-Werkstatt, in der ihr tolle Sachen machen könnt. Omas Landküche hat dazu die passenden Köstlichkeiten parat, genauso die Landbäckerei und der Hofladen (dort zu frühstücken ist übrigens sehr beliebt). Bei schönem Wetter könnt ihr euch auf die Außenterrasse setzen und zusehen, wie die anderen im Matsch-Platsch herumpampen. Obwohl … warum nur die anderen? Ihr seid natürlich auch dabei! Auch den Rutschenturm, den Spielplatz und die Ziegenwiese gilt es noch zu erkunden, bevor es weitergeht zum Baggern. Selbst Boden auszuheben macht riesig Spaß. Wer zusätzlich ein Ticket löst, kann sich zu bestimmten Zeiten noch ins Mais-Labyrinth stürzen.

Anfahrt Zwischen Westerstede und dem Zwischenahner Meer an der L 815 nach Westen abbiegen
Adresse LandErlebnis Janßen, Seghorner Weg 6, 26655 Westerstede, Tel. 04488/842 00 71, www.landerlebnis.de
Öffnungszeiten März-Okt. tgl. 10–19 Uhr, Nov./Dez. tgl. 11–18, Sa/So ab 10 Uhr, Jan./Feb. Fr 11–18, Sa/So 10–18 Uhr
Preise Kinder kostenlos, Fahrpreis für einige Attraktionen 2 €, mit mehreren Gutscheinen (inkl. Essen) für alles 9,99 €
Barrierefrei Ja

Ramsloh Indoor Karting
Kick in der Kurve

Einmal fahren wie die Großen bei der Formel 1? Hier im Saterland könnt ihr das. Ramsloh bietet die passende Kurvenstrecke in einer Halle. Nasse Fahrbahn? Reifenwechsel? Gott sei Dank nicht! Hier ist alles sicher. Eine Einweisung benötigt ihr aber schon!

Rund 35 Sekunden dauert eine Runde in der Halle – und bald schon hat man das Gefühl, an den vielen aufgeschichteten Reifen vorbei ein paar tolle Kurven zu fahren wie in der Formel 1. Mit mindestens 1,40 Meter Körpergröße erhält man ein Bambini-Kart, wer schon die 1,55 Meter erreicht hat, darf ins Evo-Kart mit 8,5 PS. Denn die sind schon bis zu 65 Stundenkilometer schnell.

Deshalb gibt es auch wichtige Regeln, die einzuhalten sind, so zum Beispiel Drifts vermeiden, also nicht zu schnell in die Kurve gehen, sonst rutscht der Kart. Regel Nummer zwei: Abstand zum Vorausfahrenden halten. Profis versuchen, die Ideallinie – also die kürzeste Strecke – zu finden. Es wird wohl etwas dauern, bis ihr die herausfindet. Hier gilt: je mehr Übung, desto besser. Wichtig sind auch die Gewichtsverlagerungen während der Fahrt, beim Beschleunigen oder Bremsen. Der Kart verhält sich dann sehr unterschiedlich, und das solltet ihr vorsichtig ausprobieren! Das Sitzen ist ebenfalls entscheidend, doch das merkt jeder rasch. Bremsen solltet ihr früh genug vor einer Kurve – doch auch das habt ihr bald im Griff. Und zu guter Letzt: Vergesst nicht zu atmen! Nicht verkrampfen, locker bleiben, dann wird der Spaß von Runde zu Runde größer.

Anfahrt Auf halbem Weg von Bad Zwischenahn nach Leer liegt Saterland/Ramsloh an der B 72
Adresse Ramsloh Indoor Karting, Industriestr. 8, 26683 Saterland/Ramsloh, Tel. 04498/910 30, www.ramsloh-karting.de
Öffnungszeiten Di–Fr 19–22, Sa 14–23, So 12–22 Uhr
Preise Kinder 10 € für 10 Min.
Barrierefrei Ja

31 Nordseekletterpark Borkum
Meer und Grün

Die Insel Borkum ist bekannt für ihr Hochseeklima. Wer dort oben klettert, wähnt sich zwischen Mastbäumen von großen Schiffen. Und genießt einen grandiosen Ausblick auf die Nordsee und das Grün der Insel samt ebenso grandioser, frischer, pollenfreier Seeluft.

UNSER TIPP

Levi kommt gerade aus dem Nordsee Aquarium und schwärmt: »Alles ist noch ziemlich neu dort; es gibt ganz bunte Fische, und ich durfte in einem Becken sogar Seesterne anfassen. Fühlt sich echt cool an!«

Wenn ihr auf der Suche nach dem perfekten Urlaubsgefühl auf Borkum seid, müsst ihr den Nordseekletterpark aufsuchen. Wer dort oben ist, hat den Weitblick über Borkum, eine auffallend grüne Insel, und das Meer, das ganz nahe ist. Von oben könnt ihr auch das »Gezeitenland« sehen, ein Schwimmbad mit Außenbecken, Flow-Rider, Wasserrutsche und Saunaland im Oberdeck samt Ausblick auf fantastische Borkumer Sonnenuntergänge.

Zwischen den Mastbäumen des Kletterparks gewinnt man fast den Eindruck, als klettere man auf einem (Piraten-) Schiff. Ihr klettert über hängende U-Seile, nur Holzkreuze dienen als Halt. Doch keine Angst: Die Sicherungssysteme sind TÜV-geprüft und kinderleicht zu bedienen. Nur Sandalen dürfen nicht getragen werden. Sie sind zu rutschig – zieht also auf jeden Fall festes Schuhwerk an. Wer jünger als neun Jahre alt ist, muss in Begleitung eines Erwachsenen klettern. Ab neun Jahren dürft ihr es aber schon allein versuchen, wenn eine erwachsene Person anwesend ist.

Manchmal weht dort oben, im äußersten Nordwesten Deutschlands, ein kräftiger Wind. Wenn er zu stark bläst, aber auch bei Gewitter muss das Klettern sofort eingestellt werden. Im Frühjahr und Herbst können die Winde noch recht frische Luft herantragen. Dann ist es ratsam, mit Handschuhen zu klettern. Und trotzdem gilt: Der Nordseekletterpark hier auf Borkum ist ein wahrer Klettertraum.

Hier hat man das Gefühl, auf einem alten Segelschiff herumzuklettern. ›››

Anfahrt Fähre ab Emden; nur 5 Min. vom Bahnhof Borkum, direkt neben Spielinsel, Filmtheater und »Gezeitenland«

Adresse Nordseekletterpark, Goethestr. 25, 26757 Borkum, Tel. 0176/ 20 51 97 53, www.nordseekletterpark.de

Öffnungszeiten April–Okt., Öffnungszeiten variieren, siehe www.nordseekletterpark.de

Preise Kinder 6–12 Jahre 16 €, bis 17 Jahre 18 €, Erwachsene 21 €/2,5 Std., Gruppen günstiger

Barrierefrei Nein

Anfahrt A 31 bis Leer West, dann über die Deichstr. zur Konrad-Zuse-Str.
Adresse Leeraner Miniaturland, Konrad-Zuse-Str. 1, 26789 Leer,

Tel. 0491/454 15 40,
www.leeraner-miniaturland.de
Öffnungszeiten Tgl. 10–18 Uhr (letzter Einlass 17 Uhr)
Preise Kinder 3–14 Jahre 8 €, Erwachsene 15 €, Minigolf 3 €/4 €
Barrierefrei Ja

Miniaturland Leer
Mehr als nur Ostfriesland

3 2

Ostfriesland, Oldenburg und Ammerland auf einen Blick? Und dazu auch noch die sieben Inseln davor? Diese ganze Region bildet das Miniaturland Leer in 130 Szenen ab, die vollautomatisch gesteuert werden. Und seit 2017 außerdem Berlin mit seinen Sehenswürdigkeiten.

Da klackern Züge, überführt die Meyer Werft in Papenburg einen ihrer Ozeanriesen über die Ems, rast die Polizei zum Einsatz und, und, und … Nicht nur wurde hier eine gigantische Miniaturlandschaft im Maßstab 1:87 nachgebaut, es sind auch alle wichtigen Sehenswürdigkeiten Ostfrieslands in dieser Halle am Rande von Leer vereint. Auf 1.500 Quadratmetern könnt ihr Oldenburg und das Ammerland sowie die Ostfriesischen Inseln erkennen. 130 Szenen laufen, voll elektronisch gesteuert, fortwährend ab. Mal kehrt Dunkelheit ein – dann sind die vielen Lichter noch besser zu erkennen. Rund 100 Druckknöpfe könnt ihr außerdem selbst betätigen und so hie und da etwas in Bewegung setzen – ein wirklich kolossales Gesamterlebnis, nicht nur für Kinder und Jugendliche. Auch Erwachsene genießen den Blick auf diese Urlaubsregion wie aus einem Ballon.

UNSER TIPP

Aaron erzählt, wie er seine Schwester beim Minigolf herausgefordert hat. Das spielen die beiden gleich neben dem Miniaturland. Danach haben wir uns die Modellautos angesehen, auch sehr klasse, meint Aaron.

Vor Kurzem ist eine weitere Etage hinzugekommen. Sie zeigt nicht etwa Westfriesland, denn das liegt in Nordholland. Nein, zu sehen sind vielmehr die Wahrzeichen und der Kern von Berlin, der Bundeshauptstadt Deutschlands. Das Brandenburger Tor strahlt, der Potsdamer Platz ist zu erkennen …, und so ist zu vermuten, dass dieses Ausflugsziel Nummer eins in Ostfriesland auch in Zukunft viel Zulauf bekommen wird. Schließlich gibt es immer mehr zu sehen und zu entdecken – am Ende der Tour nicht zuletzt auch das Bistro.

« Hier ist der Berliner Flughafen schon fertig und die Züge fahren pünktlich.

33 Paddel und Pedal
Anders reisen durch Ostfriesland

Wenn ihr Freude daran habt, euch in der Natur zu bewegen, seid ihr hier goldrichtig. Denn beim Kanufahren könnt ihr ganz nebenbei Ostfriesland erkunden und nette Menschen kennenlernen, bevor es per Leihrad wieder zurück zum Ausgangspunkt geht.

Heute dürft ihr im Tipi übernachten – welch ein Erlebnis! Und Bogenschießen wird nachher auch noch angeboten …

Das Schöne an den Touren von Paddel und Pedal, die quer durch Ostfriesland angeboten werden, ist: Ihr könnt paddeln und vom Kanu aus die Kühe auf ihren Weiden grüßen; ihr könnt Rad fahren und abends in roten Trekkinghütten oder hellen Zelten übernachten; ihr erlebt Natur, bewegt euch und trefft andere nette Menschen.

Hier nur ein Beispiel: Starten in Leer-Loga, paddeln auf der Leda, dann links in die Jümme abbiegen. An dieser Biegung erwartet euch eine von Hand gezogene Seilfähre – die älteste in Nordeuropa. Sie nutzt die Strömung. Sogar Autos passen drauf. Ihr fahrt weiter, legt in Nortmoor zur Pause an. Danach paddelt ihr bis zur »Paddel- und Pedal«-Station Stickhausen. Die Kanus werden an Land gezogen, und es geht 15 Kilometer per Fahrrad zurück nach Leer, und zwar entlang des Flusses. Der jeweilige Stationsbetreiber hat abends oft etwas Fleisch auf seinem Grill, das vorzüglich schmeckt. Wenn gewünscht, macht er auch gerne Frühstück. Wer möchte, kann sich aber auch selbst verpflegen. Im Vordergrund stehen das Erleben und die Gemeinschaft. Paddel und Pedal passt zu Ostfriesland – das gibt es sonst nirgendwo in Deutschland.

UNSER TIPP

Jan spielt gern Minigolf. In Wiesmoor findet er die Erlebnisgolf-Anlage mit nachgebauten Sehenswürdigkeiten Ostfrieslands klasse. Da spielt man den Ball durch die Bockwindmühle oder einen echten Tunnel.

Vom Wasser aus werden die Trekkinghütten erreicht. »

Anfahrt Zentrale in Leer: A 28/Richtung Emden/Leer, Ausfahrt 2, dann auf B 436, Leeraner Str./Richtung Leer/Nortmoor, Bremer Str., Bahnhofsring, Georgstr. und Ledastr.; die zu buchenden Stationen sind quer über Ostfriesland verteilt und können auch direkt angefahren werden.

Adresse Paddel und Pedal, Touristik GmbH Südliches Ostfriesland, Ledastr. 10, 26789 Leer, Tel. 0491/91 96 96 30, www.paddelundpedal.de

Öffnungszeiten April–Okt.

Preise Tages-Kombitour Fahrrad und Kanu 22 €/Person; außerdem Familien- und Gruppentörns, Aktivtage, Paketangebote mit Übernachtungen sowie viele Möglichkeiten, die Routen selbst zu kombinieren

Barrierefrei Bedingt, aber es gibt Hilfe beim Ein- und Ausstieg

FRIESENGOLF

Anfahrt B 212 nach Nordenham, in Rahden links auf der L 858 nach Niens, dort links und noch 1 km

Adresse Hof Iggewarden, zwischen Burhave und Langwarden (Navi: Iggewarden 1), Reinhard Evers, 26969 Butjadingen, Tel. 04733/317, www.hof-iggewarden.de

Öffnungszeiten April–Okt. Mi–Mo ab 11 Uhr

Preise Kinder bis 16 Jahre 4 €, Erwachsene 7 €, Rabatt für Familien

Barrierefrei Ja

Friesengolf Hof Iggewarden
»Gib Gummi!«

Gummistiefel am Stock sind als Schläger schon kurios genug. Doch nun geht es in die Wiese und zu den 18 Löchern. Was für eine Gaudi! Der Bauer hat Tiere zu bieten, Bernstein zu zeigen sowie ein Hofcafé. Ach ja, und 150 Rosen sind im Garten auch noch da.

Ihr kennt Friesengolf nicht? Dann müsst ihr es kennenlernen! Das Spiel geht so: Ihr bekommt einen Stiefel am Stiel als Schläger, mit dem ihr quer über eine Tierweide einen kleinen Lederball vom Abschlag aus Richtung Loch schießen müsst. Neben dem Loch steht, wie beim richtigen Golf, eine Stange, denn sonst könntet ihr – so mitten in der Kuhweide – das Loch überhaupt nicht sehen. Mit möglichst wenigen Schlägen soll der Lederball nun das Loch erreichen, das aus einem eingegrabenen Topf besteht. Insgesamt sind 18 Bahnen zu spielen.

Laut Erfinder Reinhard Evers handelt es sich um die weltweit einzige Topfanlage. Da Friesengolf niemals allein gespielt wird, ruft die Gruppe im Chor: »Gib Gummi!«, was sich vermutlich auf die Gummistiefel, die am Stiel als Schläger herhalten müssen, bezieht. In jedem Fall wird es aufregend. Altersbegrenzungen gibt es nicht, und wenn die Kühe wirklich weit genug weg sind, kann es ein Riesenspaß werden. Wenn nicht, hilft zur Not Reinhard Evers.

Er hält auch ein Hofcafé bereit, in dem es süße Köstlichkeiten und warme Getränke gibt. Grillabende werden im Sommer montags, mittwochs und donnerstags ab 17 Uhr veranstaltet. Zu Büfetttagen muss sich jeder anmelden.

Darüber hinaus könnt ihr Bernsteinfunde anschauen, die die Fedderwardersieler Fischer und Wattführer mitgenommen haben: Halsketten, Ohrschmuck und Weiteres aus der Kunstwerkstatt sind im Angebot. Und natürlich gibt es auf dem Hof auch Tiere: »Miralda«, »Max« und »Femke« heißen drei der Ponys. Auch die Hängebauchschweine »Iggi« und »Igga« sowie Schafe und Kaninchen fühlen sich hier wohl, ebenso wie die kuscheligen Alpakas. Kein Wunder, verströmen hier nicht zuletzt 150 Rosen ihren wunderbaren Duft.

« Gummistiefel am Stiel – die stilvolle Alternative beim Golf

35 Weserinsel Harriersand
Mit Strand und Rad

Harriersand ist die längste Flussinsel Deutschlands, liegt mitten in der Weser bei Brake und ist prima geeignet fürs Radeln, Schwimmen und/oder Reiten. Und wer möchte, kann hier auch zelten oder auf einem Bauernhof übernachten. Was könnte schöner sein?

Über elf Kilometer erstreckt sich die Flussinsel Harriersand in der Weser. Von Brake aus könnt ihr sie schnell mit der Fähre erreichen – und das solltet ihr auch, denn der Strand ist zum Spielen erstklassig und das Wegenetz zum Radeln ideal. Zudem ist ein Ausflug, der mit einer Schifffahrt verbunden ist, für Kinder ohnehin immer ein Hit. Von Anfang April bis Anfang Oktober fährt eine Fähre fast stündlich auf die Insel. Dort angekommen, folgt gleich der nächste Hit: Neben einem Wäldchen liegt ein großer Spielplatz, natürlich auch in Wassernähe, wo es sich wunderbar toben lässt. Wer länger bleiben möchte, kann nebenan Urlaub auf dem Bauernhof buchen oder einen Campingplatz mieten. Doch die meisten lassen sich sofort am Sandstrand nieder. Mittwochs bis sonntags zwischen 11 und 20 Uhr lädt auch ein Ausflugslokal an der Weser in der Saison zur Rast ein.

UNSER TIPP

Marcel war mit seinen Eltern von Elsfleth aus mit dem Segelschulschiff »Großherzogin Elisabeth« zu einem Törn unterwegs – und sehr beeindruckt: »Einmal durfte ich sogar das Steuerrad festhalten«, erzählt er stolz.

Wie schon erwähnt, ist auch Radfahren hier empfehlenswert. Die Wege führen an alten Bauernhöfen vorbei. Am südöstlichen Zipfel gibt es eine kleine Brücke zum anderen Weserufer nach Rade. Am besten ist es, das eigene Fahrrad mitzubringen, dann seid ihr unabhängig und könnt spontan entscheiden, worauf ihr Lust habt. Durch Brake führen der Weserradweg, der Unterweser-Radweg und die Deutsche Sielroute. Im Pavillon auf der Stadtkaje in Brake gibt euch das Team der Touristinfo Auskunft. Dort sind auch die Radkarten zur Region erhältlich.

Ein Hauch von Südsee mitten in der Weser »

Anfahrt Brake liegt auf halbem Weg zwischen Bremen und Bremerhaven, aber links der Weser; Fähre ab Anleger Kaje nach Harriersand
Adresse Inselhus: Tel. 0179/471 61 62; Strandrestaurant: Tel. 04296/419; Campingplatz: Tel. 04296/13 93, www.zeltplatz-harriersand.de; Touristinfo Brake: Tel. 04401/194 33
Öffnungszeiten April–Okt., Fährzeiten: www.brake-touristinfo.de
Preise Fähre pro Fahrt: Kinder 7–12 Jahre 1 €, Erwachsene, Fahrrad je 2 €, Karren 1 €, Hund 2,50 €
Barrierefrei Ja

Tel. 0471/902 03 00,
www.klimahaus-bremerhaven.de

Öffnungszeiten April–Aug. Mo–Fr 9–19, Sa/So 10–19, Sept.–März tgl. 10–18 Uhr

Preise Kinder 5–17 Jahre 12 €, Erwachsene 17 €, Abendticket 12 €, Familienkarte 36 oder 49 €

Barrierefrei Ja

Anfahrt Bahn: mit dem Niedersachsen-Ticket bis Bremerhaven, Bus zur Haltestelle Havenwelten; Auto: parken unter dem Klimahaus (Navi: H.-H.-Meier-Str.)

Adresse Klimahaus, Am Längengrad 8, 27568 Bremerhaven,

Klimahaus
Das Schicksal des Planeten

Frieren wie in der Antarktis? Schwitzen wie in der Sahara? Keine Angst – das könnt ihr auch in Deutschland –, und zwar im Klimahaus in Bremerhaven. Auch wenn es bereits »vor den Toren Niedersachsens« liegt, ist ein Besuch sehr empfehlenswert, um sich mit dem »heißen« Thema Klimawandel auseinanderzusetzen.

Es ist DAS Haus zum Klimawandel. Wer sich auch nur ein wenig mit dem Thema beschäftigt, sollte einmal hier gewesen sein. Ihr geht auf eine Reise durch die verschiedenen Klimazonen, schwitzt und friert und bewegt euch quasi auf dem 8. östlichen Längengrad einmal um den Planeten. Orte, die dort liegen, sind hier zum Anfassen nachgebaut. So könnt ihr den Wüstensand zwischen den Fingern reiben oder auf einem Video sehen, wie die Menschen auf Samoa in der Südsee leben. Für einen Euro bekommt ihr an der Kasse auf Wunsch auch einen »Reisepass« voll mit spannenden Aufgaben, die kreativ gelöst werden wollen. An jeder Station steht eine Stempelbox, und am Ende könnt ihr anhand des Passes von eurer Weltreise und darüber, wie sich Klimaänderungen auswirken, erzählen.

UNSER TIPP

Sarah hat ein aufregendes Erlebnis hinter sich: »Ich habe sogar im Klimahaus übernachtet. Mit Schlafsack, Isomatte, Taschenlampe und so in einer Gruppe ... Das war ein echt cooles Abenteuer!«

Ein weiterer Bereich im wolkenähnlich gebauten Klimahaus ist das World Futur Lab. Dort könnt ihr das Schicksal der Erde durch Kreativität, Scharfsinn und Schwarmintelligenz (also zusammen mit anderen) selbst ändern. Und an den Spielstationen auch viel über euch erfahren und die eigenen Fähigkeiten testen. Besonders für jüngere Kinder sind die Geschichten geeignet, die sich auf der Internetseite des Klimahauses befinden – am besten lasst ihr sie euch von den Großen vorlesen. Da erzählt zum Beispiel »Pandu«, das Pinselohrferkel, was es im dichten Regenwald so alles erlebt.

« Willkommen in der Kälte – die Reise führt durch die Antarktis.

Hier geht es ums blanke Abenteuer – und ihr steht mittendrin. Natürlich spielen auch Tiere eine große Rolle in diesem Kapitel.

⌃ Drachen über Lemwerder – ein buntes Spektakel für die ganze Familie

Die Mitte
und die Mittelweser

37 Kinderwildnis
Endlich naturnah spielen

Seid ihr schon mal durch eine hohe Frühlingswiese gelaufen, in der Insekten herumschwirren? Oder habt ihr schon mal bei einer Apfelernte mitgemacht? Nein? Dann kommt in die Kinderwildnis – hier kann man auch Stockbrot backen oder seinen Geburtstag feiern.

Eine wilde Wiese sieht zu jeder Jahreszeit anders aus – und bietet ein Spielterrain, wie es abwechslungsreicher nicht sein könnte. Die Kinderwildnis ist so groß wie zwei Fußballfelder und liegt mitten in Nienburg. Ihr könnt sie im Frühjahr erleben, wenn die ersten Insekten wieder fliegen. Oder im Sommer, um zu picknicken und im hohen Gras Verstecken zu spielen. Im Herbst werden die Äpfel vom Baum geerntet und probiert. Und im Winter lockt eine Rodelpartie. Im Wasser matschen geht natürlich auch, und Klettern ist auch nicht verboten. Dazu sind zwei Betreuerinnen vom Bund für Umwelt und Naturschutz dabei (BUND).

UNSER TIPP

Juna erzählt: »In Nienburg gibt es eine lange Bärenspur. Es ist lustig, auf den Bärentatzen durch die Stadt zu laufen. Wir haben dabei die ›kleine Nienburgerin‹ und den ›Wiehernden Hengst‹ gesehen.«

Es gibt viele spezielle Veranstaltungen, zu denen ihr kommen könnt. Stockbrot backen gehört dazu oder das Anlegen einer Blumenwiese im Schau- und Lehrgarten Meerbachbrücke. Mal wird gebaut, dann wieder geforscht – wichtig ist nur, dass ihr euch dazu rechtzeitig anmeldet.

Die Kinderwildnis ist durchgehend geöffnet. Ihr könnt also jederzeit, mit oder ohne Eltern, kommen – das gibt es heutzutage nur noch selten. Der perfekte Ort, um in und mit der Natur zu spielen. Aber auch ein besonderer Ort für Feste aller Art. Vielleicht wollt ihr auf der Wiese euren Geburtstag feiern oder ein Kennenlernfest ausrichten? Der Fantasie sind kaum Grenzen gesetzt. Besprecht das einfach mit dem Team vom BUND in Nienburg – es ist offen für eure Pläne.

Spielen und entdecken wie früher – mitten in der Natur. Wie toll! »

Anfahrt Bahn: 1 km südlich vom Bhf. Nienburg; Auto: B 215, Berliner Ring, dann Rühmkorffstr.

Adresse Kinderwildnis, Auf der Buermende, Ende Rühmkorfstr., Tel. 0491/91 96 96 30, www.kinderwildnis-nienburg.de
Öffnungszeiten Frei zugänglich
Preise Kostenlos
Barrierefrei Ja

Anfahrt Auf der B 214 bis Freistatt, Haupteinfahrt in die Gemeinde, Ende der Str.
Adresse Freistätter Feldbahn, Deckertstr. 20, 27259 Freistatt, Tel. 05448/885 24 und 05448/882 50 (Stiftung Bethel), www.freistaetter-feldbahn.de
Öffnungszeiten April–Okt.
Preise Kostenlos; Feldbahn: Kinder bis 13 Jahre 2 €, Erwachsene 4 €
Barrierefrei Ja

Sinnesgarten Freistatt
An den Riesenstühlen

38

Habt ihr noch alle Sinne beieinander? Hier könnt ihr es überprüfen. Das kann feucht werden oder kitzelig, erfordert manchmal auch eine gehörige Portion Mut oder Geschicklichkeit – Spaß macht es euch aber garantiert!

In Freistatt im Landkreis Diepholz gibt es einen Sinnesgarten, in dem – der Name sagt es ja – alle Sinne angesprochen werden – vom Riechen (die Blumen in den Staudenbeeten) über das Schmecken (die Obstbäume hängen voller Früchte) bis hin zum Fühlen, das etwas Mut erfordert. Ihr steckt eine Hand in einen Fühlkasten und versucht herauszufinden, was ihr gerade berührt. Das ist gar nicht so einfach. Barfuß über den Fühlpfad zu gehen ist auch klasse. Klanghölzer schulen euer Gehör, und natürlich wird auch euer Sehvermögen auf die Probe gestellt. Habt ihr die Riesenstühle gesehen? Dort lassen sich verblüffende Fotos schießen, die die Größenverhältnisse auf den Kopf stellen.

UNSER TIPP

Anna war – quasi mit fünffacher Lichtgeschwindigkeit – auf dem Planetenweg unterwegs. »Zu Fuß haben wir nur eine knappe Stunde bis zur Sonne gebraucht«, erzählt sie. »Und mit der Feldbahn geht's noch schneller.«

An den Spielstationen wird es – spürbar! – feucht. Ihr könnt Wasser pumpen, einen Flusslauf aufstauen und an der Archimedischen Schraube drehen, um das Wasser den Berg hochzupumpen. Was Drehmoment und Fliehkraft sind, erfahrt ihr dabei natürlich auch. Daneben warten Seilbahn, Rutsche und Kletterwand auf euch, ein Sandkasten und eine Fahrraddraisine, mit der ihr auf Rundkurs gehen könnt.

Übrigens steht gleich nebenan ein Gästehaus, in dem man übernachten kann. Das ist praktisch, weil es noch viel zu erleben gibt. Die Feldbahn fährt ins Moor und die Besucher/-innen sehen, wo gerade Torf gestochen wird. Auch Geocaching wird angeboten und ein Fitnesspfad mit zehn Trainingsstationen – wollt ihr testen, wer fitter ist? Ihr oder eure Eltern?

« Eure Sinne sind werden geschärft. Lasst euch überraschen.

39 Magicpark Verden
Wellenritt und Drachenbahn

Habt ihr wieder mal Lust auf Bauchkitzeln? Dann auf zum Magicpark Verden – hier geht es richtig rund! Vom Karussell über die Schiffsschaukel bis hin zum Streichelzoo und Märchenparcours ist für jeden Geschmack etwas dabei ... Schwindelfreiheit vorausgesetzt!

Alleine die vielen verschiedenen Karussells sind schon herrlich. Aber natürlich muss man auch die »eiserne Schlange«, also die Achterbahn, ausprobieren – am besten gleich mehrmals. Und dann die Wildwasserbahn: Feuerstuhls Wellenritt. Oder mit einem Floß fahren, im Wasser spielen, rudern ...

Hier, im Magicpark Verden, geht es ständig auf und ab. Der fliegende Ritter – so jedenfalls heißt die große Schiffschaukel – ist gerade gelandet und genau das Richtige für alle, die es lieben, wenn es ordentlich im Bauch kitzelt. Danach ist noch schnell das Rutschenland am Ritterplatz angesagt, um mit der Drachenbahn sowie dem kleinen Riesenrad eine Runde zu drehen.

Wer dazwischen etwas entspannen möchte, kann sich Märchen anhören. Vielleicht kennt ihr ja die Geschichte von der »Chinesischen Nachtigall« noch nicht oder »Das Blumenwunder«. »Hase und Igel« oder »Hänsel und Gretel« werden aber auch angeboten. Tierisch wird es im Streichelzoo und Damwildgehege. Und bevor es wieder nach Hause geht, solltet ihr schnell noch zu den Trampolinen, zur Seilbahn und vor allem zum großen Labyrinth laufen – das ist ganz schön tricky. Aber ihr findet sicher wieder heraus, keine Frage. Weil all das hungrig und durstig macht, sind natürlich auch Verpflegungsstationen vorhanden, insgesamt elf Stück – wieder für jeden Geschmack das Passende. Auch eine Eisdiele ist dabei.

> **UNSER TIPP**
>
> Mira hat mit ihren Eltern eine mehrstündige Schiffsreise zu den »Böhmeschen Dörfern« gemacht: »Dort sind wir mit der ›Wilden Erika‹ gefahren – das ist eine alte Lok mit offenem Waggon, wie früher. War echt lustig.«

Tretet ein ins verwunschene Land aus Türmen und Rittern! »

Anfahrt A 27/Richtung Bremen bis Ausfahrt 26, nach Verden, Osterkrug, rechts, ausgeschildert
Adresse Magicpark Verden, Heideweg 3–7, 27283 Verden, Tel. 04231/66 11 10, www.ritterrost-magicpark.de
Öffnungszeiten April–Okt. meist tgl. 10–18 Uhr, www.ritterrost-magicpark.de
Preise Kinder 3–12 Jahre 16,90 €, Erwachsene 18,90 €
Barrierefrei Ja

Anfahrt Bruchhausen-Vilsen liegt zwischen Nienburg und Bremen nahe der B 6; Abfahrt Sulinger Str. nach rechts, dann zum Bahnhof
Adresse Gartenbahncafé Volldampf, Am Kürting 14 (Navi: Am Gaswerk 1), 27305 Bruchhausen-Vilsen, Tel. 04252/544 30 91, www.gartenbahncafe.de
Öffnungszeiten Mai–Okt., Sa 14–18, So 11–18 Uhr
Preise Kostenlos; nur der Verzehr kostet
Barrierefrei Ja

Gartenbahncafé
Die Bedienung kommt »zügig«

Nur 100 Meter vom Kleinbahnmuseum in Bruchhausen-Vilsen entfernt liegt das Gartenbahncafé – mit einer gewaltigen Kuchenauswahl! Doch der Clou kommt erst: Die Getränke werden per Bahn an die Tische gefahren, untermalt von passenden Geräuschen und Ansagen. Ein echtes Kuriosum.

Neben der altbekannten Museumseisenbahn ein Gartenbahncafé zu eröffnen, in dem eine kleine Bahn fährt (Maßstab 1:22,5), ist eine geniale Idee. Wolfgang Wessels und seine Frau Hildegard hatten diese Idee und haben sich damit einen Traum erfüllt. Der Zulauf an Gästen, ob Klein und Groß, ist enorm. Denn wo sonst werden die Getränke an die Tische per Bahn zugestellt. Der Verkehr läuft offenbar reibungslos, denn vom Kaffee wird nichts verschüttet; die Untertasse dient als Deckel.

Die Loks sind den alten Dampfloks nebenan auf der Strecke der Museumseisenbahn nachempfunden. Natürlich haben die Wessels die Waggons verfeinert. So spritzt der Löschzug der Feuerwehr an heißen Tagen auch schon mal eine kleine Abkühlung über die Gäste. Vom historischen Service-Postwagen mit Küche und WC aus steuert Oberlokführer Wessels die Anlage per Computer. Die Gäste sind jedes Mal verblüfft, wenn der richtige Zug mit der passenden Bestellung an ihrem Tisch hält. Das Bremsgeräusch ist zu vernehmen und auch die passende Zugansage. Nun ist der Gast gefragt. Wenn er die Ladung gelöscht – also auf seinen Tisch umgeladen – hat, drückt er einen Knopf, und schon rauscht der Zug wieder davon. Gerade für Kinder ist das natürlich ein besonderes Bahn-Erlebnis, einmalig in dieser Form. Das Pfeifen und Läuten wird sicher ewig in Erinnerung bleiben.

UNSER TIPP

Finn ist ein großer Fan von alten Eisenbahnen, deshalb haben er und seine Eltern den Besuch im Gartenbahncafé mit einer richtigen Fahrt in der Museumseisenbahn nebenan kombiniert.

« Bei den Miniaturen bekommen nicht nur Kinder große Augen.

41 Filmhof Hoya
Auf zum Frühstückskino!

In den Sommerferien immer dienstags ab 10 Uhr bietet Hoya für Kinder Kinoglück pur. Zum (oder nach dem) Frühstück gibt es einen speziell für euch ausgewählten Film … lustig, spannend und sicher wunderbar. Und auch sonst hat der Filmhof Hoya einiges zu bieten.

Kinder-Ferien-Frühstückskino – in Hoya ist das kein unaussprechliches Wortgebilde, sondern jeden Dienstag während der Sommerferien ein Highlight. Das passende Programm dafür hat die Kino-Crew des Filmhofs zusammengestellt. Am besten macht ihr euch über die Internetseite schlau, was gerade läuft. Jeden ersten Sonntag im Montag wird Frühstückskino übrigens das ganze Jahr hindurch (allerdings nicht speziell für Kinder, häufig sind es aber aktuelle Klassiker) angeboten. Ihr solltet euch aber auf jeden Fall bis zum Donnerstag davor angemeldet haben, denn sonst kann es mit den Plätzen knapp werden. Frühstücksbeginn ist um 10.15 Uhr, der Film startet dann um 11 Uhr.

Und auch Kaffee-Kino ist in Hoya angesagt: jeden ersten Mittwoch im Monat ab 15.30 Uhr; im Kartenpreis inbegriffen sind dann ein Stück Kuchen und »Kaffee satt«. Natürlich mit Bedienung am Platz – das versteht sich in den drei Sälen von selbst. Weitere Event-Angebote der Kino-Crew sind jeden Mittwoch um 20 Uhr eine Film-Auslese, Ballett-Live-Übertragungen aus Moskau oder Premierenveranstaltungen. Und natürlich könnt ihr das Café »Weserblick« auch ganz ohne Kinoticket besuchen.

Anfahrt Hoya liegt zwischen Nienburg und Verden, von der L 201 rechts in die Von-Kronenfeldt-Str. bis zur Weser
Adresse Filmhof Hoya, Deichstr. 80–82, 27318 Hoya, Tel. 04251/23 36, www.filmhofhoya.de
Öffnungszeiten Tgl., siehe Kinozeiten der Filme; jeden 1. So/Monat ab 10 Uhr Frühstückskino 16,50 €
Preise Nachmittags Kinder bis 14 Jahre 6 €, Erwachsene und alle ab 18 Uhr 8 €
Barrierefrei Ja

Hofkäserei Derboven
Selbst mal melken

Kennt ihr Kühe aus der Nähe? Hier könnt ihr sie anfassen. Hier, auf dem Hof, sind rund 500 Tiere zu erleben. Wie aus Milch Käse wird, ist ein spannender Prozess. Auch den könnt ihr hier mitverfolgen. Und natürlich den gereiften Käse probieren. Köstlich!

Kälber streicheln, Kühe putzen und sogar melken ... all das ist in der Hofkäserei Derboven erlaubt. In der Strohburg und im Sand spielen geht aber auch. Eine Landwirtschaft erleben, den Hof besichtigen und die Hofkäserei anschauen, ist ein wunderbares Programm für einen Tag. Dazu melden sich oft auch Gruppen (oder Klassen) an. Familie Derboven bewirtschaftet auf dem Hof Bünkemühle rund 500 Milchkühe und Kälber. Die Anlage wird mit Biogas und Fotovoltaik betrieben und wirtschaftet so auch umweltfreundlich.

Hergestellt wird zum Beispiel der würzige Schnittkäse. Ihr zuschauen, wie Käse überhaupt gemacht wird, und ihn dann auch probieren. Das ist ein spannender und langwieriger Prozess, denn der Käse muss mindestens einige Monate reifen. Habt ihr schon einmal Heukäse probiert? Oder kennt ihr Käse mit Bockshornklee? Es gibt auch Pizza-Käse oder einen mit Tomate und Basilikum. Hier könnt ihr euch einen Überblick verschaffen, alle verkosten und, wenn ihr zu Hause seid und den Käse dort probiert, vergleichen. Und nächstes Mal geht es dann vielleicht um die Wurst ...

Anfahrt Ab Nienburg die B 6, hinter Wietzen rechts Bücker Str., Nordhost, Helzendorf
Adresse Hofkäserei Derboven, Hof Bünkemühle, Helzendorf 33, 27333 Warpe, Tel. 04251/25 59, www.rzbderboven.de
Öffnungszeiten März–Dez. Do 9–13, 14–18, Sa 9–13, So 14–18 Uhr; Café: So 14–18 Uhr; Hofladen: Do 9–16, Sa 9–13 Uhr
Preise Kostenlos
Barrierefrei Ja

43 Kamelfarm
Locker auf dem Höcker

Es ist ein tolles Gefühl, oben auf einem Kamel zu sitzen und einen Blick weit nach unten zu werfen. Und wenn sich das Tier langsam in Bewegung setzt, fühlt es sich an wie bei Seegang. Könnt ihr das aushalten? Wenn nicht, kein Problem: Es gibt noch viele andere Tiere zum Kuscheln und Streicheln.

Rund 50 Kamele, Dromedare, Trampeltiere und Tulus gibt es hier, denn die Kamelfarm Marquard ist eine der größten in Deutschland. Kamelmilch wird hier ab Hof verkauft. Kamelreiten geht immer (Anmeldung erforderlich!). Außerdem gibt es Alpakas und Zebras, selbst Kängurus hat Andreas Marquard auf seiner Weide.

Ihr wollt reiten? Kein Problem! Euch wird beim Aufsteigen geholfen, denn der Rücken der Tiere befindet sich in beachtlicher Höhe. Umso besser ist dafür der Überblick von dort. »Locker vom Höcker« geht es weiter, allerdings schwankt es schon etwas. Das liegt am sogenannten Passgang der Tiere. Zwei links, zwei rechts – so setzen sie ihre Füße. Am schönsten ist es, mit der Kamelkarawane durch die Landschaft am Westrand der Lüneburger Heide zu ziehen. Das dauert eine Stunde. Wer mehr möchte und sich mit den Kamelen wohlfühlt, kann mit Andreas Marquard auch einen längeren Ritt mit Picknick vereinbaren.

Ihr solltet aber auch die anderen Tiere anschauen. Mit ihnen kann man Erlebnisstunden buchen. Dabei könnt ihr euer Wunschtier streicheln. Alpakas sind oft die erste Wahl, denn sie haben ein sehr flauschiges Fell, sehen drollig aus und sind äußerst gutmütig. Nichts scheint sie aus der Ruhe zu bringen. Mit diesen Tieren zu spazieren, wirkt auch auf den (Strick-)Halter beruhigend und verleiht ihm das Gefühl, in Südamerika zu sein. Denn normalerweise leben diese Tiere in den Anden.

Übrigens sind hier auch Rentiere zu Hause, Kaninchen sowie viele Hühnerarten; zahlreiche schöne Vögel flattern auch durch die Volieren. Vergesst darüber aber nicht, die Kamelmilch zu probieren.

Hoch auf dem Kamel – was für ein Ausblick! »

Anfahrt Visselhövede liegt zwischen Soltau und Rotenburg (Wümme), über die B 440 bis Visselhövede, dann rechts mit Hiddingen-Jürshof, links ab zur Farm
Adresse Kamelfarm Marquard, Hiddinger Str. 48, 27374 Visselhövede-Hiddingen, Tel. 0171/984 05 76 und 04262/86 31, www.kamelfarm.de
Öffnungszeiten Besuch (auch kurzfristig) anmelden
Preise Schnupperritt 10 €/10 Min., Kamelkarawane 59 €/1 Std./Person
Barrierefrei Ja

Anfahrt A 7 bis Bispingen, westlich über Schneverdingen bis Lauenbrück, westlich der B 75, mit dem Metronom zum Bhf. Lauenbrück, dann Bürgerbus
Adresse LandPark Lauenbrück, Wildpark, 27389 Lauenbrück, Tel. 04267/ 95 47 60, www.landpark.de
Öffnungszeiten Tgl. 8–18, Okt.–März bis 17 Uhr
Preise Kinder 2–13 Jahre 6,50 €, ab 14 Jahren 9 €, Familientageskarte 34,50 €, Eselreiten 6 €/Std.
Barrierefrei Ja, Rollatoren und Rollstühle vorhanden

LandPark Lauenbrück
Es leben Tier und Natur!

Die ScharnowStiftung fördert den Erhalt von Tierarten, die vom Aussterben bedroht sind – und solche, ob Wild- und Nutztiere, könnt ihr hier erleben. Oder auf dem Esel reiten. Oder in der Landschaft spielen. Oder einfach »abhängen« – Hängematten gibt es hier genug.

Rund 150 Tiere, darunter Pferde, Schafe, Hirsche, Auerochsen und Pfaue leben hier im LandPark Lauenbrück – viele davon sind eher seltene Tiere oder solche, die vom Aussterben bedroht sind. Der Aufbau des Parks wurde von der gemeinnützigen ScharnowStiftung finanziert und unterstützt ausdrücklich den Erhalt von Nutztierrassen, die vom Aussterben bedroht sind. Und deshalb werden auch Tier- und Baumpatenschaften hier im Park vermittelt – und viel Wissen um naturkundliche und biologische Zusammenhänge. Auch barrierefreie Anlagen sind ein Thema, denn das Miteinander aller Besucher/-innen ist dem LandPark wichtig.

Doch auch der Spaß kommt nicht zu kurz. Auf dem Eselrücken kann man (mit einem Eselführer) ganz entspannt durch den Park reiten – das entschleunigt. Bereit zum Spielen? Ein Tiefseilgarten steht bereit, ein Barfußpark macht Freude und der Sandspielplatz ist einfach herrlich. Die größte Spiellandschaft am Kaffeegarten krönt symbolisch eine zerfallene Burg. Ihr könnt auf den Burghügel klettern, über eine Hängebrücke, durch einen Krabbeltunnel, auch eine Wasserpumpe mit Kanalrinnen und Staudamm ist da. Und wenn ihr müde werdet? Ab in eine der Hängematten für ein kurzes Nickerchen.

Darüber hinaus wird im Park ein buntes Veranstaltungsprogramm geboten – am besten, ihr googelt, was euch besonders zusagt.

UNSER TIPP

Vanessa mag es gerne, in der Erde zu buddeln. Deshalb will sie auch unbedingt bei einem neuen Projekt des LandParks mitmachen: »Hier soll ein großer Obst- und Gemüsegarten, auch mit Kräutern, entstehen. Ich bin dabei.«

« Den Tieren und dem Wald nah sein, das ist hier ganz einfach.

45 Waldspielplatz Zeven
Aus (und auf) Holz gebaut

Spielen im Wald mit Holz ist das eine … ein Waldlehr- und Walderlebnispfad das andere. Beides macht riesig Spaß, schärft die Sinne und den Verstand, wenn es um Natur und Tiere, Bäume und Pflanzen geht.

Holz – und zwar echtes Holz – spielt auf diesem wunderschönen Abenteuerspielplatz eine große Rolle. Seht euch einmal die Lokomotive an. Der »Kessel« besteht hier aus einem dicken Stamm mit markanter Rinde. Ihr könnt draufsteigen oder auch in die Holzwaggons dahinter, mit ein paar Brettern an einem großen Dach bauen, wippen, schaukeln – und das alles mitten im Wald bei Zeven.

Seid ihr bereit für den fünf Kilometer langen Waldlehrpfad? Ganze 54 Stationen gibt es da kennenzulernen. Am besten nehmt ihr eure Eltern mit, denn die können euch helfen, schwierige Aufgaben zu lösen, zum Beispiel folgende Frage: Woran kann man erkennen, wie alt ein Baum ist? Die Antworten findet ihr natürlich auch, versteckt in einem Kästchen. Dann geht es weiter, immer der Eule nach, denn sie ist das Erkennungssymbol. Auf jeden Fall wisst ihr hinterher sehr viel mehr über Hase, Fuchs und Igel sowie Birke, Buche und Feldahorn – wetten?

Eine Alternative ist der Walderlebnispfad. Der hat 13 Stationen zum Tasten, Riechen, Sehen, Hören … und Nachdenken. Wenn ihr ein Tuch dabeihabt, könnt ihr euch die Augen verbinden und besser raten. Aber nicht schummeln! Wenn danach immer noch Energie vorhanden ist, könnt ihr euch auf dem Trimmpfad auspowern. Balancieren, Rumpfbeugen oder Hüpfen tun Körper und Geist immer gut. Und die frische Waldluft natürlich auch. Wie herrlich!

UNSER TIPP

Emma erzählt beeindruckt von ihrem Besuch im Café Dunkel. »Da musst du alles ertasten und wirst von Blinden bedient. Die können das.« Das Café liegt im Natur- und Erlebnispark Bremervörde.

Eine Lok aus Holz, die sich prima zum Spielen eignet ››

Anfahrt Südwestlich von Zeven, zwischen Bremen und Hamburg, im Waldgebiet Großes Holz

Adresse Waldspielplatz Großes Holz, Großes Holz, 27404 Zeven, Tel. 04281/71 61, www.tourow.de
Öffnungszeiten Ganzjährig
Preise Kostenlos
Barrierefrei Überwiegend

46 Moorbahn Burgsittensen
Wo Kraniche stehen

Das Tister Bauernmoor ist eine einmalig schöne Landschaft. Heute wird dort zwar kein Torf mehr abgebaut, dafür ist es ein EU-Vogelschutzgebiet. Als Höhepunkt gilt im Herbst das Landen der Kraniche. Doch auch sonst bietet es beste Rundumblicke.

Vier Kilometer legt die Moorbahn nach ihrem Start am Café »Haus der Natur« zurück. Und sie hält natürlich an der Aussichtsplattform und dem Aussichtsturm, denn dort gibt es viel zu sehen: die weiten Moorflächen des Tister Bauernmoors; jede Menge seltene Pflanzen, Bäume und Vögel; und natürlich: den Kranich. Der Verein Moorbahn Burgsittensen e. V. bietet sogar Kranichfahrten an, wenn sich diese Vögel zu Tausenden auf ihrer Reise nach Südfrankreich im Oktober hier niederlassen. Tagsüber sind sie in den Wiesen unterwegs, um Futter zu suchen. In der Dämmerung fliegen sie zu den Schlafplätzen im Moor, wo sie vor Raubwild sicher sind. Dabei stehen sie im Wasser und dösen, weil sie sich dort absolut sicher fühlen. Das ist ein ganz besonderes Erlebnis und herrlich anzuschauen.

Es gibt rund ums Jahr ausgewählte Touren mit der Moorbahn – vom Ostereiersuchen bis zur Nikolausfahrt. Und auf dem Moorlehrpfad könnt ihr euch die typischen Pflanzen, die hier wachsen, und auch einige der Tiere nochmals genauer ansehen. Anschließend geht es ins Café mit bestem Kuchen (!), Grillwürstchen oder wonach auch immer euer Herz begehrt.

Anfahrt A 1, Ausfahrt 47, Sittensen/ Richtung Tostedt etwa 5 km, dann ausgeschildert
Adresse Moorbahn, Hauptstr. 70,
27419 Tiste, Tel. 04282/91 15 11, www.moorbahn.de
Öffnungszeiten März–Okt., div. Öffnungszeiten, siehe www.moorbahn.de
Preise Kinder 6–14 Jahre 3 €, Erwachsene 6 €
Barrierefrei Ja, Rolli-Fahrer anmelden

Drachen über Lemwerder
DAS Familienfest

47

Gegenüber dem Bremer Stadtteil Vegesack, in der Wesermarsch, ist das Familienfest in Lemwerder DER Höhepunkt der Saison. Allein der Anblick von rund 250 Drachen am Himmel ist gigantisch. Am Ufer sind zwei Zirkuszelte mit buntem Programm und viele andere Stationen aufgebaut.

Drachenfans aufgepasst: Mitte August solltet ihr alle zum Weserstrand in Lemwerder eilen, denn dorthin strömen zahlreiche Drachenlenker/-innen aus ganz Deutschland und anderen Ländern. Und alle haben sie etwa zehn verschiedene Drachen im Gepäck. Das hat eine lange Tradition. Vor Ort gehen dann alle Großdrachen, Lenkdrachen und Showdrachen gemeinsam in die Lüfte. Meist sind es mehr als 70 Teams, die ihre Lieblinge steigen lassen – in allen Formen und Farben, und bis zu 25 Meter lang: Da sausen exotische Fischformen, Papa Schlumpf oder violette Quallen durch die Lüfte, Eulen schauen zwischen den Wolken hindurch … Wenn es der Wind zulässt, können auch locker mal 250 Drachen am Himmel stehen. Das ist natürlich viele Fotos und Videos wert. Für Kinder sind Mitmachstationen (natürlich am Boden) aufgebaut. Es gibt ein buntes Programm aus Artistik und Musik in zwei Zirkuszelten – es läuft die Raketen-Erna oder die Show der jungen Radieschen. Artisten treten auf, und am Sonntagnachmittag steigt die Feuershow. So hat die ganze Familie ihren Spaß. Veranstaltet wird das Ganze vom BEGU Lemwerder. Die Begegnungsstätte bietet das ganze Jahr hindurch ein buntes Bühnenprogramm.

Anfahrt Vom Bremer Hbf. Regio-S-Bahn bis Vegesack, Fähre nach Lemwerder
Adresse Lemwerder, Weserufer, Ritzenbütteler Sand, 27809 Lemwerder, Tel. 0421/68 86 10, www.drachen-ueber-lemwerder.de; Drachenflugprogramm: www.kultur-nord.de; mehr Kultur unter: www.begu-lemwerder.de
Öffnungszeiten Mitte Aug.
Preise Kinder ab 13 Jahre 5 €
Barrierefrei Ja

Anfahrt A 1 Wildeshausen, Glaner Str., bis Westrittrum, dann rechts Neerstedter Str.

Adresse Wild- und Freizeitpark Ostrittrum, Rittrumer Kirchweg 29, 27801 Dötlingen, Tel. 04487/71 58, www.freizeitpark-ostrittrum.de

Öffnungszeiten März–Okt. tgl. 9–19 Uhr

Preise Kinder 3–13 Jahre 10 €, ab 14 Jahre 12 €

Barrierefrei Ja, nur bei Regen schlecht (Wege weichen auf)

Wild- und Freizeitpark Ostrittrum
Erlebnis pur

Etwa 500 Tiere aus allen Kontinenten leben im Wild- und Freizeitpark Ostrittrum – seit Kurzem auch Nutria und Luchse. Außerdem gibt es viel zum Spielen und Klettern, so zum Beispiel den neuen Jurassic Garden, ihr könnt Tretboot fahren oder Hörgeschichten von früher hören.

Kennt ihr Nutria? Das sind Nagetiere, die im Wasser leben und etwa einen halben Meter lang werden. Jetzt sagt nicht, das seien Wasserratten. Damit tätet ihr den Tieren unrecht. Sie ähneln eher Bibern. Im Wildpark gibt es ein neues Gehege, in dem ihr sie sehen könnt. Auch das große Luchsgehege ist eine neue Attraktion. Minischweine, Berberaffen, Nonnengänse, Mufflons und Koi-Karpfen gehören hingegen schon zum festen »Personal« des Parks, genauso wie noch viele weitere Arten, die auf euren Besuch warten.

Oder mögt ihr lieber Märchen? In der Märchenwelt gibt es viele Stationen, an denen ihr ganz viel über Frau Holle und Co. erfahren könnt. Danach präsentiert das Heimatmuseum Gegenstände und Hörgeschichten aus alter Zeit – auch das ist wirklich imposant.

Und für alle, die sich danach austoben wollen, gibt es einen großen Kletterberg, das riesige Piratenschiff Jurassic Garden und Rutschen sowie Trampoline. Eure Eltern können vom Strandkorb aus zuschauen. Die Gastronomie befindet sich im Wikingerhaus. Bratwurst vom Grill, Kuchen und Kaffee oder ein frisches Eis – hier wird jeder fündig. Die Terrasse bietet einen wunderbaren Blick auf den See, auf dem andere vielleicht gerade Tretboot fahren. Und wer gerne rätselt, druckt sich am besten noch vor dem Besuch des Wild- und Freizeitparks die Fragen aus (im Internet unter dem Link »Service/Parkrallye« zu finden). Wer passte auf Schneewittchen auf? Welche Vogelart lebt gegenüber dem Strauß? Mit solchen und ähnlichen Fragen müsst ihr rechnen. Den Lösungszettel gibt es dann am Kiosk neben dem Haupteingang – sofern ihr ihn überhaupt benötigt. Viel Spaß!

....
<< Klettern und Ziegen streicheln sind schon zwei große Attraktionen.

49 Kreismuseum Syke
So lernen Kinder alles

Für Familien mit Kindern von vier bis zwölf Jahren ist das Kreismuseum Syke DAS ideale Ziel: ein kulturelles Ensemble mit höchstem Freizeit- und Kulturwert. Wissen, was früher war – das lässt sich kaum besser erleben. Und aktiv sein geht hier genauso.

UNSER TIPP

Marvin und Amelie kommen gerade vom Waldrundweg hinter dem Museumsgelände zurück. Ihr Resümee: »Der Aussichtsturm war super, das Waldklassenzimmer lustig, der Fischotter aber leider nur aus Bronze.«

Das tolle Ferienprogramm des Kreismuseums Syke ist wirklich sehenswert. Von Kinderwerkschule bis zum kreativen Nähen ist alles dabei, was interessiert. Sondiert am besten im Vorfeld, was ihr am liebsten mögt, um nichts zu versäumen.

Das Museumsgelände umfasst mehrere Häuser mit viel Raum zum Spielen und Forschen. Da ist zum Beispiel das Kindermuseum, das übersichtlich veranschaulicht, wie Kinder vor 100 oder 200 Jahren spielten. Es gibt Lese- und Malstationen, aber auch Beispiele aus der Jugend- und Popkultur eurer Eltern. Dazu gehört eine 20 Jahre alte Playstation.

Im Hauptgebäude könnt ihr in einer nachgebauten Werkstatt erfahren, wie Sattler, Schuhmacher und Tischler arbeiten. Auch ein Tante-Emma-Laden ist zu sehen, wie Oma und Opa früher wohnten oder das eindrucksvolle Diorama der Tierwelt von vor 200 Jahren. Verpasst den Kriechtunnel und die Vogelstimmen nicht! Fühlkästen und interaktive Stationen sowie Filme bieten viel Aktion für eigenständiges Erkunden und handfestes Erleben.

Weitere Attraktionen sind das Bauernhaus mit einer Küche von früher im Obergeschoss, das Ackerbürgerhaus mit Textilladen, der Kornspeicher aus dem 17. Jahrhundert, Scheune, Schmiedewerkstatt und Freigelände sowie die Museumsgärten oder der hübsche Schafstall, mehr als 300 Jahre alt.

Und noch ein Tipp zum Abschluss: Sonntags ab 14 Uhr gibt es Butterkuchen im Hallenhaus.

Nach dem Blick in die gute alte Zeit geht es zum Spielplatz. 〉〉

Anfahrt Nienburg/Richtung Bremen B 6 bis Syke, nördlich Innenstadt links zum Freibad, Herrlichkeit
Adresse Kreismuseum Syke, Herrlichkeit 65, 28857 Syke, Tel. 0442/227, www.kreismuseum-syke.de
Öffnungszeiten April–Okt. Di–Fr 14–17, Sa 14–18, So 10–18 Uhr
Preise Kinder 6–17 Jahre 1 €, Erwachsene 2 €
Barrierefrei Überwiegend

Anfahrt Rund 12 km südwestlich von Nienburg, B 215, an der Weser, Bollwerder
Adresse NaturFreibad Landesbergen, Unter den Weiden 17, 31628 Landesbergen, Tel. 05025/15 69, www.sg-mittelweser.de
Öffnungszeiten Mai–Okt. tgl. ab 8, Sa/So, Sommerferien ab 10 bis etwa 20 Uhr
Preise Kinder 4–18 Jahre 1 €, Erwachsene 2 €, Familien 5 €
Barrierefrei Ja

Naturfreibad Landesbergen
Riesig viel Platz

Das große Naturerlebnis beim Baden zieht zahlreiche Familien von nah und fern an. Hier tummeln sich Kinder gern, die Liegewiese hat enorme Ausmaße und die Eintrittspreise sind unschlagbar günstig. Picknicken ist erlaubt, weshalb hier viele den ganzen Tag verbringen.

Ein Freundeskreis hält dieses einmalige Naturbad am Leben. Es hat fast 5.000 Quadratmeter Wasserfläche, ist mit Sprungturm und Badeinsel und einer riesigen Liegewiese schon ein stattliches Bad. Kein Wunder also, dass Familien, Kinder und Jugendliche auch weitere Anfahrtswege in Kauf nehmen. Zudem liegt es idyllisch nahe an Teichen sowie der Weser, direkt an der Grenze zur Siedlung Bollwerder.

Hier zu schwimmen, ist ein Naturerlebnis. Das saubere Wasser ungechlort auf der Haut zu spüren, gefällt allen. Es ist ein Badegefühl wie in der »guten alten Zeit«. Auch die Preise scheinen noch von anno dazumal zu sein. Jedenfalls freuen sich Familien sehr über diese günstige Möglichkeit, im Sommer baden und sich im Freien aufhalten zu können. Ein kleineres Nichtschwimmerbecken ist ebenso vorhanden wie ein kleiner Kiosk. Viele haben sich aber auch ihre Picknickbox mitgebracht und breiten sich auf der Rasenfläche unter den schattigen Bäumen aus. Es herrscht munteres Treiben. Viele bleiben den ganzen Tag lang. Manchmal werden auch Spielenachmittage, Kindergeburtstage oder Kaffeekränzchen veranstaltet. Ein Anlass zum Besuch findet sich immer … baden und entspannen ist aber ohnehin Grund genug. Jedenfalls erfreut sich das Bad seit etwa 50 Jahren einer großen Beliebtheit.

UNSER TIPP

Anna-Lena schwärmt vom Bickbeernhof in Brokeloh: »Wir haben selbst Blaubeeren gepflückt – und gleich wieder vernascht«, grinst sie. »Und im Hofcafé gab's dann Bickbeerwaffeln. Die sind voll lecker!«

« Der Sprungturm ist die Attraktion, das Wasser chlorfrei.

Von Drachen, Freilichtbühne und Kletterträumen handelt dieser Abschnitt. Auch Filz, Draisinen und Wasserski erwarten euch.

⌃ Im TreeTrek Kletterpark lernt ihr den Wald aus einer neuen Perspektive kennen.

Die Heide, das Wendland und Hannover

51 Wildpark Müden
Klein, fein und dicht dran

Hübsch im Tal der Örtze liegt der Wildpark Müden mit rund 200 Tieren. Die Gehege sind groß, artgerecht und von Bächen durchzogen. Besonders für kleine Kinder ist das großes Kino – denn sie kommen dicht an ihre Lieblinge heran.

Ruhig, gemütlich, überschaubar, mit artgerechter Tierhaltung – das sind nur einige Attribute, die die Attraktivität des Wildparks Müden ausmachen. Das Motto »tierisch nah dran« trifft häufig zu, denn man kommt oft dicht an die Tiere heran und kann sie teilweise sogar streicheln – für kleine Kinder oft ein ganz besonderes Erlebnis. Und dabei hat das Ganze immer einen familiären Charakter. Massenabfertigung ist hier ein Fremdwort. Das merken auch die Tiere. Sie sind meist entspannt und übertragen diese Stimmung auf die Besucher/-innen

Zu sehen gibt es Strauße, Waschbären, Damwild, Waldkauze, Mufflons, Frettchen und Schafe, daneben auch Elche, die gerade ein neues Gehege erhalten haben, Rothirsche und Wildschweine – die könnt ihr natürlich nicht streicheln. Dafür umso mehr über die Königinnen und Könige der Lüfte staunen. Die Eventfalknerei führt hier nämlich von März bis Oktober täglich Flugschauen mit Greifvögeln vor. Das ist wirklich recht spannend. Die Vögel fliegen dicht über euch hinweg und landen meist ganz sicher. Der Falkner hat einen dicken Lederhandschuh, auf dem sich die großen Greifvögel festkrallen. Auch Fütterungstouren im Park sind äußerst beliebt. Schaut am besten auf der Internetseite nach den aktuellen Startzeiten. Rund ums Jahr gibt es natürlich noch weitere besondere Veranstaltungen. Und Spielplatz und Hüpfkissen sowie gute Verpflegung auch.

> **UNSER TIPP**
>
>
>
> David und Lukas lieben alles mit Wasser – und waren auch schon auf der Örtze paddeln. »Am Anfang sind wir schon zickzack gefahren, aber dann ging es richtig gut«, erzählt David. Und Lukas ergänzt: »Wenn die Äste so ins Wasser hängen, ist es manchmal wie im Dschungel.«

Tierisch viel los ist im Wildpark, da habt ihr einen Tag lang zu tun. »

Anfahrt B 3 von Celle nach Bergen, Hermannsburg, dann/Richtung Faßberg, in Müden rechts auf den Heuweg

Adresse Wildpark Müden, Heuweg 23, 29328 Müden/Örtze, Tel. 05053/90 30 31, www.wildparkmueden.de

Öffnungszeiten März–Okt. tgl. 9–18, Nov.–Feb. 10–16 Uhr

Preise Kinder 3–15 Jahre 6,50 €, Erwachsene 9 €

Barrierefrei Ja

Anfahrt Von Celle auf der B 191/Richtung Uelzen, in Eschede rechts nach Scharnhorst, südlich Höfersche Str.
Adresse Filmtierpark Eschede, Am Aschenberg 27, 29361 Höfer/Eschede, Tel. 05142/98 72 29, www.filmtierpark.de
Öffnungszeiten April–Okt. tgl. 10–18 Uhr, Shows ab 11 Uhr
Preise Kinder 3–13 Jahre 8 €, ab 14 Jahren 10 €
Barrierefrei Ja

Filmtierpark Eschede
Die trainierten Stars

52

Den Größen aus dem Showbusiness einmal nahe sein – das ist fast schon ein halbes Kinoerlebnis. Und den schwarzen Panther bei der Privataudienz streicheln – das ist natürlich DIE Attraktion. Aber auch ein Erdmännchen auf der Schulter ist schon eine kleine Sensation.

Es ist der große Showdown der Tiere oder Show-up für die Gäste: In den Schulferien sowie samstags, sonntags und an Feiertagen gehen die trainierten Tiere um 15 Uhr im Showzelt des Filmtierparks Eschede in die Vollen – für vier Euro zusätzlich zum Eintritt in den Park. Hunde und Blitzlicht sind verboten. Die Tiere sind für Filmaufnahmen und sonstige Einsätze trainiert, trotzdem ist natürlich Vorsicht geboten, schließlich sind es Raubtiere: Löwe, Panther, Nasenbär – auch Erdmännchen und Waschbär sind dabei. Die Trainer/-innen gehen mit ihnen auf die Bühne im Zelt, machen ein paar Übungen und erzählen ein bisschen über die Tiere … eine Show eben.

Einige der Tiere geben sogar Privataudienzen, bei denen ihr euch mit ihnen fotografieren lassen könnt. Ein Erdmännchen auf der Schulter, ein Waschbär auf dem Arm oder ein Tiger in der Nähe, das sind schon beeindruckende Bilder für die Lieben daheim. Auch das kostet extra und muss vorher angemeldet werden. Grundsätzlich gilt: Eine Bezugsperson und eine Begleitperson sind zur Audienz zugelassen, die rund 20 Minuten dauert.

Zudem gibt es das Dschungel-Bistro-Café und ein Spielplatz nebenan steht offen, sodass der Besuch im Filmtierpark ein rundes Erlebnis wird. Den großen und kleinen Tieren ganz nah zu sein, manchmal mit ein bisschen Herzklopfen – das hat schon was. Morgen sind einige der Tiere schon wieder auf der Reise zu den nächsten Filmaufnahmen irgendwo auf der Welt, und ihr seht sie vielleicht im Kino wieder. Ob ihr sie dann wohl wiedererkennt?

« Wilden Tieren nahe kommen, das könnt ihr so nirgends sonst erleben.

53 Otter-Zentrum Hankensbüttel
Beim Füttern zusehen

Sehr naturnahe Tierbegegnungen könnt ihr im Otter-Zentrum in Hankensbüttel erleben. Neben der Hauptattraktion, den quirligen Fischottern, gibt es noch viele weitere Tiere zu beobachten, die hier bei uns leben, die wir aber nur selten – wenn überhaupt – zu Gesicht bekommen.

UNSER TIPP

Emilia war mit Sarah auf dem Otter-Pfad an der Ise. »Wir haben durchs Fernrohr Weißstörche gesehen und kleine Tiere mit dem Kescher aus dem Wasser geholt«, erzählen sie. »Aber wieder hineingeworfen«, ergänzt Sarah rasch.

Rund 30 Schaufütterungen finden jeden Tag im Otter-Zentrum Hankensbüttel statt – da sollte es schon gelingen, eine davon mitzuerleben. Denn es ist nicht nur reizvoll zu beobachten, dabei erfahrt ihr auch viel über die Tiere, die Wasser lieben, und über die Umgebung, wo sie gern leben – auch, dass sie in ihrem Lebensraum bedroht sind. Im Otter-Zentrum, das schon mehr als 30 Jahre besteht, fühlen sie sich sehr wohl. Ihr könnt sie in originell gestalteten Gehegen aus der Nähe beobachten, obwohl sie oft unter Wasser sind.

In Hankensbüttel gibt es aber auch noch andere Tiere: Dachse, Hermeline, Steinmarder, Iltisse, Baummarder, Minke und Nerze sind hier zu Hause. Auch Otterhunde, vom Aussterben bedroht, haben es sich hier eingerichtet. Zudem geben Lernspiele mit aufklappbaren Fragezeichen Impulse zum Nachdenken. Interaktive Spielstationen, der Wasserspielplatz, der Baummarder-Spielplatz, ein Seilgarten und die Seilfähre komplettieren das Angebot. Sich da umzusehen, macht richtig Spaß. Und ihr könnt auch gemeinsam Tierspuren sichern. Vielleicht überredet ihr auch mal eure Lehrer/-innen zu einem Ausflug ins Freiluftklassenzimmer? Das ist Unterrichtsraum und Picknickplatz in einem. Denn eigentlich müsstet ihr hier das ganze Jahr über sein. Zu jeder Jahreszeit verändert sich der Naturpark ein wenig.

Iltissen bei der Schaufütterung zusehen – wie wunderbar. »

Anfahrt Von Gifhorn, B 4, B 244, in Hankensbüttel Richtung Alt-Isenhagen, Ortsausgang

Adresse Otter-Zentrum, Sudendorfallee 1, 29386 Hankensbüttel, Tel. 05832/980 80, www.otterzentrum.de

Öffnungszeiten Tgl. 9.30–17, März–Okt. bis 18 Uhr

Preise Kinder 4–17 Jahre 7 €, Erwachsene 11 €

Barrierefrei Bedingt

Anfahrt B 216 Lüneburg, Dannenberg, Innenstadt mit Waldemarturm am Amtsberg

Adresse Marionettentheater Dannenberg, Am Waldemarturm, 29451 Dannenberg (Elbe), Tel. 0151/14 33 00 56, www.marionettentheater.de

Öffnungszeiten Ganzjährig, etwa 50 Vorstellungen im Jahr

Preise Kinder 3 €, Erwachsene 7 €

Barrierefrei Ja

Marionettentheater Dannenberg
Aus Lenas Leben

Hier hängt alles an Fäden. Das genau ist das Tolle, denn die Stücke vom »Kleinen Prinzen« bis zu »Lena im Sommer/Winter« sind herrlich inszeniert. Übrigens spielt dieses Stück hier um die Ecke im Wendland.

Es war einmal ... ein Feuerwehrhaus, dieses Wahrzeichen von Dannenberg. Heute bieten 55 Sitze im Marionettentheater Dannenberg beste Blicke auf die Bühne, auf der sich geniale Stücke abspielen. Sie werden mit handgemachten Marionetten aufgeführt. Alle zwei Jahre etwa entsteht ein neues Stück, auf die Beine gestellt vom gemeinnützigen Verein Marionettentheater Dannenberg e. V., der seit 1991 besteht.

Ein Blick in das Programm zeigt Wegweisendes für Kinder und Erwachsene. Wer möchte schließlich nicht einmal (oder auch des Öfteren) »Der kleine Prinz« sehen oder »Die Schneekönigin«? Ganz zu schweigen vom »Satanarchäolügenialkohöllischen Wunschpunsch«! Auch »Der letzte Drache« sowie »Hänsel und Gretel« sind Renner im Programm des Marionettentheaters. Viele Besucher/-innen kommen von weiter her, denn in der hübschen Innenstadt ist der Nachmittag im Theater (Beginn meist um 16 Uhr) eine nette Abwechslung.

Die beiden Stücke »Lena im Sommer« beziehungsweise »Lena im Winter« spielen übrigens in einem Rundlingsdorf des Wendlandes, also quasi um die Ecke. Hund Harald hat dort kein leichtes Leben, denn er muss auf Lena aufpassen. Ihr Vater fährt zur Arbeit, die Bewohner/-innen des Dorfes sind auch unterwegs, und das Mädchen ist ziemlich abenteuerlustig. Na? Wäre das nicht ein spannendes Stück für euch?

UNSER TIPP

Jennifer war gerade im Rundlingsmuseum, wo sie viel über Hexen und Kräutertage erfahren hat. »Ich wollte erst nicht hin, aber es ist richtig schön dort ... so viel Natur – und Häuser wie in alten Zeiten.«

« Alles an Fäden – die Stücke sind spannend anzuschauen.

Naturum Göhrde
Mit Hirschkäfer-Postamt

Rund 20 Kilometer nordwestlich von Dannenberg liegt Göhrde. Der Wald dort ist nicht nur alt, im Naturum wird – auf ganz neuen (Wald-) Wegen – auch viel über ihn vermittelt. Für Kinder eine wunderbare Möglichkeit, Flora und Fauna der Göhrde intensiv zu erleben.

In Göhrde, Niedersachsens größtem historischen Wald, wachsen beachtliche Pflanzen und sind unzählige kleine Tiere unterwegs. Als Waldmuseum und Naturerlebniszentrum bietet das Naturum den idealen Ort für Kinder, um all das zu entdecken. Da hat das Hirschkäfer-Postamt geöffnet, es sind Dioramen von der Natur zu sehen, und man wird von einem Wildtierkino überrascht, bei dem Hirsch und Wildschwein, im Licht und mit Erzählungen untermalt, zu Hauptdarstellern werden. Der Wald berichtet sozusagen auf Knopfdruck, und das 15 Minuten lang im abgedunkelten Kinoraum.

Draußen begeistert dann das ungewöhnliche Waldtheater. Jedes Kind kann seine Rolle selbst spontan und mit dem gerade gelernten Wissen über den Wald bestimmen. Die Rolle des Menschen wird dabei generell beleuchtet. Oft kommen ganze Gruppen und bespielen die Bühne im Freien. Wie überleben die Tiere – auch im Winter?

Abends lohnt dann der Blick in den Himmel. Im Wendland gibt es nicht so viele Straßenlampen, was bedeutet: Nachts ist es wirklich dunkel und ihr seht viele Sterne. Ein Nachtspaziergang unter Anleitung ist nicht nur aufregend, ihr entdeckt und erfahrt auch viel über Sternbilder, Sternschnuppen und Galaxien.

Spannend sind darüber hinaus die geführten Samstagswanderungen. Sie dauern zwei Stunden, in denen euch eine Naturkundlerin viel über Pflanzen erzählt; und ihr könnt nicht nur Vogelstimmen, sondern sogar den Pflanzen lauschen! Im Göhrdeforst hinter dem Naturum sind Klangschalen installiert. Damit lassen sich ganz verschiedene Töne erzeugen. Wenn sie mit Wasser gefüllt sind, klingen sie wieder anders. Auch das ist ein Zugang zur Natur … das Naturum kennt viele Wege.

Bizarre Bäume bei Dannenberg geben Stoff für viele Geschichten. »

Anfahrt Wendland, Göhrde, an der B 216, Bahn von Lüneburg od. Dannenberg R 31 bis Haltestelle Bahnhof Göhrde
Adresse Naturum Göhrde, König-Georg-Allee 5, 29472 Göhrde, Tel. 05855/675, www.naturum-goehrde.de
Öffnungszeiten April–Okt. Fr 14–18, Sa/So 11–18 Uhr und zu den Veranstaltungen
Preise Veranstaltungen: Kinder frei, Erwachsene 6 €
Barrierefrei Ja

56 Wassererlebnispfad Gartow
Nass und schlau

Auf dem Pfad neben der Wendlandtherme lässt sich einiges über unser tägliches (Trink-)Wasser lernen. Woher kommt es? Wie wird es gereinigt? Und warum verbrauchen wir so viel? Spielerisch lernen heißt die Devise – dazu sind die Wasserstationen da.

Wasser fasziniert immer. Und hier, auf dem Wassererlebnispfad Gartow, wird das Thema Wasser im doppelten Sinne erschöpfend behandelt. Es gibt nämlich Schöpfgeräte. Vom Spaß, damit zu arbeiten, ist es nur ein kleiner Schritt, sich über unser tägliches Wasser zu informieren. Denn Millionen von Menschen auf der Welt haben immer noch keinen Zugang zu sauberem Trinkwasser. Für uns in Deutschland ist das aber selbstverständlich. Wie viel verbrauchen wir davon am Tag? Wie lässt sich da etwas einsparen? Was verschmutzt unser Wasser? Und wie wird es wieder gereinigt?

Der Wassererlebnispark ist der passende Ort, sich damit einmal genauer auseinanderzusetzen. Und das mit jeder Menge Spaß, denn für Kinder sind die Spielstationen natürlich lustig. Wer kräftig hüpft, kann die anderen sogar nass spritzen. Auch an der Archimedischen Schraube könnt ihr kurbeln … was dann passiert, ist sehenswert: Wasser, das sozusagen den Berg hinauffließt.

Beim Piratenschiff hat das wohl nicht funktioniert … es liegt auf dem Trockenen. Aber es ist ja auch zum Spielen gedacht und soll keineswegs in See stechen. Schiff ahoi! Apropos: Warum ist das Meerwasser eigentlich salzig? Schon wieder eine Frage … na, liebe Eltern?

Anfahrt Von Uelzen über Lüchow auf der B 493 bis Gartow, links Am Schützenplatz zur Wendlandtherme

Adresse Wassererlebnispfad, Am Heik 1, 29471 Gartow, Tel. 05846/820 (Gemeinde), www.gartow.de
Öffnungszeiten Jederzeit zugänglich
Preise Kostenlos
Barrierefrei Ja

TreeTrek Bevensen
650 Meter rutschen

In einem großen, alten Wald zu klettern, ist für Kinder immer ein tolles Erlebnis. Im TreeTrek Bevensen sind dazu 32 Hindernisse aufgebaut. Langsam, aber sicher geht es von einem zum anderen. Der Hit sind die Seilrutschen mit extra langen Abfahrten – hui!

Mögt ihr Seilrutschen? Dann seid ihr hier genau richtig, denn im TreeTrek Bevensen gibt es einige davon, allesamt richtig lange – für zusammengerechnet rund 650 Meter an Abfahrten. Zusätzlich könnt ihr 32 Hindernisse beim Klettern zwischen dicken Kiefern überwinden. Allerbeste Waldluft gibt es gratis dazu. Etwa zwei Stunden seid ihr auf dem Parcours unterwegs. Lasst euch Zeit beim Klettern, die Betreiber/-innen achten darauf, dass nicht zu viele gleichzeitig unterwegs sind, um Staus und Wartezeiten zu vermeiden. Wenn ihr unterwegs auf Eichhörnchen trefft – die sind tatsächlich echt. Und wenn der Specht klopft, kommt das auch nicht aus den Lautsprechern!

Voraussetzung sind 1,45 Meter Mindestgröße und ein Paar feste Schuhe. Ein bauchfreies T-Shirt ist wegen der Gurte tabu. Knielange Hosen und (wer das braucht) Haarbänder sind aber zu empfehlen. Übrigens: Parallel zu eurem Klettersteig verläuft der Zuschauerpfad. Da können Freundinnen oder Freunde oder eure Eltern mitgehen und euch zusehen. Ein Foto wäre auch nicht schlecht. Im Wald sind natürlich Vögel und Insekten unterwegs, zum Glück gibt es die noch. Wer aber auf Mücken empfindlich reagiert, sollte vielleicht ein Spray einpacken. Picknicken ist ebenfalls erlaubt.

Anfahrt B 4, Bad Bevensen, Dahlenburger Str., links zum Hotel Fährhaus
Adresse TreeTrek, Alter Mühlenweg 1b, 29549 Bad Bevensen, Tel. 0171/233 04 46, www.treetrek.de
Öffnungszeiten April–Okt., Schulferien: Di–Fr 12–20, Sa/So 11–20 Uhr, sonst Sa/So 11–20 Uhr sowie auf Anfrage
Preise Kinder 7–17 Jahre 16 €, Erwachsene 21 €
Barrierefrei Nein

Anfahrt A 7/Richtung Hamburg, Ausfahrt 43/Richtung Schneverdingen, nahe Snow Dome
Adresse Abenteuerlabyrinth Lüneburger Heide, Gaußscher Bogen/Horstfeldweg, 29646 Bispingen, Tel. 0159/01 69 19 13, www.abenteuerlabyrinth.de
Öffnungszeiten April–Okt. tgl. 10 bis 18.30/19 Uhr, März bis 17 Uhr, Jan./Feb./Nov./teilw. Dez. Sa/So 11–16.30 Uhr
Preise Kinder 4–14 Jahre 6 €, Erwachsene 9 €
Barrierefrei Ja

Abenteuerlabyrinth Lüneburger Heide
Für Spürnasen

Es dauert schon, bis ihr auf dem richtigen Weg seid, denn das Labyrinth ist groß. Vielleicht hilft euch ja der Aussichtsturm? Ich bin mir sicher: Gemeinsam werdet ihr aus den Sackgassen schon herausfinden. Und die 18 Stationen überwinden …

Hier in der Lüneburger Heide ist mächtig was los. Ein 2.800 Quadratmeter großes Labyrinth – das klingt verlockend und ist in der Tat ein Gewirr an Wegen, das ihr durchkämmen müsst. Aber gerade das ist ja so spannend. Wer kann die Rätsel rund um Themen aus der Lüneburger Heide lösen? Das gehört auch zum Labyrinth. Und wer traut sich in den Gruselgang? Zum Hangeln, Balancieren und Klettern findet ihr außerdem 18 Abenteuerstationen im Labyrinth, die sich aber auch umgehen lassen, sodass das Labyrinth barrierefrei mit einem Rollstuhl oder Kinderwagen durchstreift werden kann. 1,5 bis zwei Stunden Zeit solltet ihr für das Labyrinth auf jeden Fall mitbringen. Eis, Getränke und Süßigkeiten werden nebenan verkauft. Wer gern picknickt, kann aber auch selbst alles mitbringen.

UNSER TIPP

Laura erzählt begeistert vom Verrückten Haus nebenan: »Alles steht auf dem Kopf. Über mir fuhr die Modelleisenbahn, unglaublich«, schmunzelt sie. »Und ich habe auf der Toilette Handstand gemacht. Das gab echt klasse Fotos.«

Wenn ihr den Weg hinein und hinaus einmal gefunden habt, könnt ihr trotzdem im nächsten Jahr wiederkommen. Denn dann sieht alles wieder anders aus: Die Wege werden jährlich umgebaut, dem Holzstecksystem sei Dank. Übrigens: Der Aussichtsturm verschafft euch die Möglichkeit, mal alles im Überblick zu sehen.

Für Geburtstagsfeiern steht euch noch das Verrückte Haus zur Verfügung, und im Labyrinth selbst gibt es auch eine Geburtstagshütte.

« Ein Labyrinth ist eine Herausforderung. Wer kann helfen?

59 Filzwelt Soltan
Weich und bunt

Was sich aus diesem Stoff alles formen und machen lässt, ist wirklich faszinierend. In einem alten Industriegebäude in der Soltauer Innenstadt wird bis ins Detail über mehrere Etagen alles darüber gezeigt. Ihr könnt aber auch selbst etwas herstellen. Filzen ist in!

Was ist überhaupt Filz? Um diese Frage zu beantworten, seht ihr einen Film, der von Hamburg bis Peru führt. Anschließend könnt ihr euch in die Dämmerarche tasten und eine Fantasielandschaft betreten. Wie entsteht Filz? Diese Frage wird im zweiten Obergeschoss beantwortet. An Filztischen könnt ihr selbst zupfen. Und was aus Filz alles gefertigt werden kann, seht ihr noch eine Etage höher. Zum Beispiel – sehr überraschend: mehr als hundert Steiff-Figuren. Oder Pantoffeln. Kleidung. Tischsets. Kunstblumen. Und, und, und … Im Dachgeschoss laufen Sonderausstellungen. Und vom Turm aus überblickt ihr Soltau, denn die Filzwelt liegt mitten in der Innenstadt.

Filz ist ein spannender Werkstoff. Man kann viel damit machen, er fasst sich gut an, liegt prima in den Händen, weil er weich ist – und: Filz ist wunderbar farbig. Das ist schön anzusehen und gibt ein gutes Gefühl. Unten im Filzmarkt und im Weltladen sind natürlich viele Produkte aus Filz und Wolle erhältlich. Vielleicht nehmt ihr etwas davon mit – für euer Zimmer zu Hause, zur Erinnerung oder als Geschenk. Oder ihr greift in der Recyclingwerkstatt am Basteltisch selbst zu und schafft euer eigenes Filzobjekt. Im Atelier nebenan könnt ihr übrigens Künstlerinnen und Künstlern auch bei der Arbeit zuschauen. Und im Bistro gibt es natürlich eine Erfrischung.

UNSER TIPP

Isabella hat mit ihrer Freundin ganz in der Nähe das Spielzeugmuseum besucht. Beide sind sich einig: »Die Puppen früher waren viel schöner – so eine hätte ich auch gerne.«

Filz ist ein herrlicher Stoff, und was sich daraus alles machen lässt … 〉〉

Anfahrt   A 7, Soltau, Am Alten Stadtgraben, Marktstr.
Adresse   Filzwelt Soltau, Marktstr. 19, 29614 Soltau, Tel. 05191/975 49 43, www.filzwelt-soltau.de
Öffnungszeiten   Tgl. 10–18 Uhr
Preise   Schüler/-innen 4 €, Erwachsene 8 €
Barrierefrei   Ja

60 Sea Life Hannover
Expedition Dschungel

Unter der Haube des muschelförmigen Hauses in Hannover-Herrenhausen gibt es viel zu erleben: ganz neu zum Beispiel das Ökosystem Regenwald. Oder den afrikanischen Dschungel mit seiner Artenvielfalt, die Wiege der Menschheit. Und natürlich zahlreiche Wassertiere. Taucht ab in die Unterwasserwelt!

Im Sea Life Hannover leben rund 2.500 Wassertiere aus allen Regionen der Welt. Einige davon könnt ihr anfassen – im Berührungsbecken: Seesterne zum Beispiel. Versucht es ruhig einmal. Ihre Oberfläche fühlt sich noppig und rau an. Andere werden vielleicht gerade gefüttert an den etwa 40 Becken und Aquarien. Besonders spannend ist anzusehen, wie Fische nach dem Futter schnappen. Und bei Haien ebenso aufregend wie bei Oscar, der Meeresschildkröte.

Ihr erfahrt viel über das Leben in bedrohten Korallenriffs, aber auch über deren Schönheit an Farben und Formen. Besonders eindrucksvoll ist der neue Ausstellungsbereich »Expedition Dschungel«. Das Ökosystem Regenwald muss besser geschützt werden, lautet die deutliche Botschaft. Hier könnt ihr schon einmal durch das feucht-heiße Klima gehen und an die vielen Arten denken, die aus dem Regenwald stammen. Lehrer können tropische Schulstunden buchen oder Entdeckertouren. Zudem gibt es viele Sonderöffnungszeiten mit Events. In jedem Fall solltet ihr noch eine Runde durch den Berggarten drehen. Da sind in einem der Schauhäuser Tropenpflanzen zu sehen.

Anfahrt Auto: A 2 Ausfahrt Herrenhausen/Zentrum, B 6, Herrenhäuser Str.; Bahn: ab Kröpcke am Hbf. Hannover U 4 und U 5 bis Herrenhäuser Gärten
Adresse Sea Life Hannover, Herrenhäuser Str. 4a, 30419 Hannover, Tel. 01806/66 69 01 01 (bis zu 0,60 € pro Anruf), www.visitsealife.com
Öffnungszeiten Mo-Fr 10-17.30, Sa/So 10-18.30 Uhr
Preise Sparttickets online ab 11,95 €
Barrierefrei Ja

Wasserski Blauer See Garbsen
Kurzurlaub klar

Auf dem Blauen See westlich von Hannover mit dem Wakeboard durchs Wasser zu driften, ist ein Hochgenuss. Man schaut auf den Strand und die Landschaft und genießt die Schwünge. Auch Adventure-Golf und Stehpaddeln werden angeboten – perfekt für den kleinen Urlaub.

Seit Jahren bereits ist die Wasserskianlage DER Klassiker auf dem Blauen See. Die Hindernisse auf der Strecke sind modern und vielfältig, die Betreuung optimal und herzlich. Ihr seid also in guten Händen, wenn ihr es das erste Mal mit Wasserski oder einem Wakeboard versuchen wollt. Am besten ist es, einen Kurs zu buchen – dann gewinnt ihr Vertrauen in euch und lernt die Technik und den See kennen.

Auch baden kann man es sich an dem 600 Meter langen Sandstrand bestens, wenn ihr wollt, gleich im Anschluss an den Kurs. Die Badeinsel ist beliebt, Stehpaddeln ebenso, und auch Paddelboote sind hier auszuleihen. Vermutlich gefällt es euch so gut, dass ihr ohnehin länger bleiben wollt. Dafür gibt es nebenan einen Campingplatz und seit Neuestem auch zehn Holzhütten im Bergdörfchen, wobei »Berg« hier norddeutsch für Hügelchen steht. Nicht verpassen solltet ihr dann die Adventure-Mini-Golf-Anlage. Auf Kunstrasen mit bis zu 30 Meter langen Bahnen spielt ihr den Ball. Das Gelände ist anspruchsvoll, wird euch aber sicher Spaß machen, 14 Bahnen lang.

Anfahrt Auto: A 2 Garbsen; Bus: Bus 126, Altgarbsen Kochslandweg, Fußweg 1,2 km
Adresse Erholungsgebiet Blauer See, Am Blauen See 119, 30823 Garbsen,

Tel. 05137/89 96-42,
www.wasserski-blauer-see.de
Öffnungszeiten April–Sept. tgl. ab 14, So ab 12 Uhr, weitere Zeiten unter www.wasserski-blauer-see.de
Preise Kinder 6–13 Jahre 1 Std. 13 €, 14–17 Jahre 16 €, Erwachsene 22 €, Kurs angeraten
Barrierefrei Teilweise

Anfahrt A 2, Ausfahrt Bad Nenndorf, B 65, gleich rechts nach Bantorf, L 391 bis Barsinghausen, Altenhof- und Langenkampstr.; öffentlich: S-Bahn S1/S2 von Hannover, Bus bis Barsinghausen/Am Kaiserhof, 700 m Fußweg

Adresse Ludwig-Jahn-Str. 13, 30890 Barsinghausen, Tel. 05105/644 45, www.deister-freilicht-buehne.de
Öffnungszeiten Mai–Sept.
Preise Tickets und Gutscheine ab 10 €, unter www.deister-freilicht-buehne.de bestellen oder dort Vorverkaufsstellen (auch für Hannover) einsehen; Tickets auch am Einlass
Barrierefrei Ja

Deister-Freilicht-Bühne
Märchenhaft schön

Allein schon der alte Steinbruch mit Bäumen als Kulisse ist grandios. Doch was hier, in der Waldbühne, an Märchen und Musicals zu sehen ist, wird zu einem einmaligen Erlebnis für alle Beteiligten. Mitmachen dürft ihr manchmal nämlich auch.

»Des Kaisers neue Kleider« lief gerade. Ebenso: »Nach uns die Sintflut«. Ob Märchen, Musicals, Theaterstücke … das meiste ist für Kinder geeignet und mit einer der größten und am schönsten gelegenen Waldbühnen in Niedersachsen eine Art Geheimtipp. Die natürliche Kulisse aus Bäumen, Sträuchern und Natursteinen am Deister Rand bietet ein großartiges Theatererlebnis. Auch die Darsteller/-innen sind grandios. Es treten Chöre auf, Solisten sind am Werk und natürlich Musiker/-innen – allesamt Akteurinnen und Akteure, die mit Herzblut arbeiten. Viele von ihnen sind schon lange dabei. Trotzdem wird immer wieder Nachwuchs benötigt und gesucht. Besonders Schauspieler/-innen zwischen 20 und 40 Jahren sind gefragt. Aber auch für die Maske, Requisite und Kostüme sowie Ton- und Lichttechnik werden Experten gesucht. Warum also nicht hier einmal ein Praktikum machen? Es könnte der Beginn einer großen Karriere sein …

Bereits seit 1931 ist die Deister-Freilicht-Bühne in Betrieb. Davor befand sich an dieser Stelle ein Festplatz, dessen Ursprung wiederum ein Steinbruch war. Schon vor rund 900 Jahren wurde hier gelber Sandstein abgebaut, für den der Deister so berühmt ist. Die Steine wurden weithin verwendet, zum Beispiel für das Leineschloss, den heutigen Landtag in Hannover oder das Schloss Landestrost in Neustadt am Rübenberge.

UNSER TIPP

Laura hat mit ihren Eltern den Haldenkegel im Zechenpark aufgesucht. »Da stehen Wohnzimmermöbel im Freien herum. Echt abgefahren!«, erzählt sie. »Und danach sind wir mit der Bahn in einen Stollen gefahren. Da wird's richtig kalt. Ist aber super spannend!«

«« Vor grandioser Kulisse werden im Wald Märchen und Musicals aufgeführt.

63 Wennigser Wasserräder
Miniaturen im Wald

Es ist das Paradies für Kinder: Auf etwa 100 Metern reiht sich eine Miniatur-Wassermühle an die nächste. Alle sind sie in Betrieb, und jährlich kommen neue hinzu. Viele davon stellen bekannte Szenen aus der Märchen- oder Sagenwelt dar, aber auch moderne Medienmotive werden aufgegriffen.

Diese beeindruckenden Miniaturen am Waldesrand stecken voller Traditionen. Mehr als 60 Jahre gibt es die Wennigser Wasserräder entlang der Feldbergquelle schon. Die ersten kleinen Wassermühlen waren Spielzeuge, die von Kindern selbst gebaut wurden. Heute kümmert sich die Bastlergemeinschaft der Wennigser Wasserräder e. V. um den Erhalt und kreativen Neubau. So hat der kleine Drache Kokosnuss nun Feuer im Kamin. Er fährt übrigens auf einem neuen Bollerwagen, einem mobilen Wasserrad. Jedes Jahr kommen weitere Modelle hinzu, die in ihrer Detailfreude kaum zu überbieten sind. Das in vielen Stufen aufgestaute Wasser treibt die Mühlen, die über etwa 100 Meter verteilt stehen, kräftig an. Häufig wurden Märchen und Sagen oder auch Fantasiewelten nachgebaut. Wer sehen möchte, wie der neue Annaturm entstand, kann sich auf der Internetseite dazu einen kleinen Film ansehen. Übrigens ist es gar nicht so weit, selbst bis zum Original zu wandern. Wer Interesse hat, muss ein Stück weit nach oben – auf den 405 Meter hohen Bröhn – und gelangt dort zum bewirtschafteten Annaturm. Das dauert vermutlich nicht länger als 1,5 Stunden. So lassen sich Miniaturvergnügen und eine Deister-Wanderung bestens verbinden – für einen rundum herrlichen Tag!

> **UNSER TIPP**
>
> Merlin haben es die Sonnenuhr und die Doppelhelix vor dem Klosteramtshof in Wennigsen angetan. Er hat herausgefunden, dass die Doppelhelix aus zwei gegenläufigen Spiralen besteht und das Auf und Ab des Lebens symbolisiert.

Die Miniaturwelt am Deisterrand wird immer weiter ausgebaut. »

Anfahrt Auto: B 6, B 217, über Sorsum nach Wennigsen zum Parkplatz Waldkater, von dort 3 km zu Fuß; öffentlich: S 1, S 2, S 21 Wennigsen (Deister) Bahnhof, Fußweg 2 km; Rad: Regionsroute 3

Adresse Bröhnweg Verlängerung, Beschilderung folgen, 30974 Wennigsen, Tel. 05103/92 77 07, www.die-wasserraeder.de
Öffnungszeiten April–Sept. jeweils letzter Sa, frei zugänglich
Preise Kostenlos, Spenden erwünscht
Barrierefrei Ja

64 Wiesendachhaus Laatzen
Perfekter Zwischenstopp

Die Eltern zieht es zum Biergarten, die Kids zum großen Kinderspielplatz – das Wiesendachhaus Laatzen ist der ideale Stopp bei kleinen Radausflügen durch die südliche Leinemasch. Hier gibt es Ruhe, viel Grün und Natur und einen guten Imbiss – mehr braucht man nicht.

Das Wiesendachhaus Laatzen ist nur wenige Kilometer von der Großstadt entfernt, dennoch herrscht hier totale Gelassenheit. Wer sich hier niederlässt, spürt die Ruhe vom Alltag. Kinder finden jede Menge Platz zum Spielen, rundum sind schöne Grünflächen vorhanden, Zugvögel haben hier ihre Rastplätze, Störche sind oft zu sehen, und der Naturschutzbund NABU veranstaltet Führungen. Nicht zuletzt gibt es einen Imbiss mit leckeren Gerichten.

Kleinere Radtouren sind hier in alle Richtungen möglich. Nach Wilkenburg zu den Teichen ist es nicht weit, und auch zu den weiter nördlich liegenden Ricklinger Teichen kann man wunderbar pedalieren. Von dort wiederum sind es nur ein paar Hundert Meter bis zum Maschsee in Hannover. Richtung Süden erreicht ihr von Laatzen aus die Koldinger Seen, ein großes Vogelrevier mit herrlichen Beobachtungstürmen. Dort lässt es sich wunderbar picknicken. Es ist das einstige Urstromtal der Leine. Nach der letzten Eiszeit bewegten sich hier die Eisbrocken und Schlammgewässer Richtung Norden zur Aller. Heute mündet die Leine bei Schwarmstedt in die Aller, die wiederum in die Weser und somit in die Nordsee fließt.

Und jetzt ist Zeit für einen Drink am Wiesendachhaus!

Anfahrt Laatzen, südlich Hannover, Eichstr., Talstr., dann über die Leine
Adresse Wiesendachhaus Laatzen,
Zum Fugenwinkel 1, 30880 Laatzen,
Tel. 0511/96 76 90 01,
www.wiesendachhaus-laatzen.de
Öffnungszeiten Tgl. 11–20 Uhr
Preise Kostenlos
Barrierefrei Ja

Strandbad Hemmingen
Mit Südsee-Feeling

Für alle, die am südlichen Rand von Hannover wohnen, liegt der Badesee recht zentral. Sich hier im Sommer schnell mal zum Baden zu verabreden, ist also eine leichte Übung, zumal die Eintrittspreise sensationell günstig sind und das Radwegenetz bestens ausgebaut ist.

Blauer Himmel, blaues Wasser, gelber Sandstrand, dahinter ein grüner Küstensaum … Wer sich im Strandbad Hemmingen südlich von Hannover tummelt, hat schnell das Gefühl, in der Südsee zu sein. Hier kann man nicht nur baden, sondern auch Volley- oder Basketball, Tischtennis und Rasenschach spielen. Viele Besucher kommen mit dem Fahrrad in dieses Naherholungsgebiet, schließlich ist es von Hannover aus nur ein »Katzensprung« in dieses Strandbad und das Radwegenetz im Landschaftsschutzgebiet Obere Leine gut ausgebaut. Die Kinder spielen und tollen auf den Freiflächen oder Spielplätzen, Spielzeug oder Buddelförmchen können ausgeliehen werden, und der seichte Einstieg bietet auch den Nichtschwimmern unter ihnen die Möglichkeit, ins kühle Nass zu tauchen. Die Eintrittspreise sind günstig, und es gibt eine kleine Gastronomie, doch viele bringen ihren Proviant selbst mit. Dass das Strandbad erst im Mai öffnet, hat seinen Sinn, denn die großen Wasserflächen des Baggersees müssen sich erst aufheizen, um ungetrübte Badefreuden zu bieten. Dann aber nichts wie hinein in das große Badevergnügen!

Anfahrt B 3 südwestlich Hannover bis Westerfeld, östlich über Berliner Str. zur Hohen Bünte
Adresse Strandbad Hemmingen, Hohe Bünte 10, 30966 Hemmingen, Tel. 0511/41 41 17, www.strandbad-hemmingen.de
Öffnungszeiten Juni-Sept. Mo-Fr 13-20, Sa/So, Sommerferien 10-20 Uhr
Preise Kinder 4-17 Jahre 1,30 €, Erwachsene 2,80 €
Barrierefrei Ja

Anfahrt Auto: südlich Hannover B 217, vor Springe links, ausgeschildert; öffentlich: S 5 bis Springe und weiter mit Bus 382

Adresse Wisentgehege 2, 31832 Springe, Tel. 05041/58 28, www.wisentgehege-springe.de
Öffnungszeiten Tgl. ab 8.30 Uhr, Nov.–Feb. ab 9 Uhr
Preise Kinder 3–17 Jahre 8 €, Erwachsene 12 €
Barrierefrei Ja

Wisentgehege Springe
In freier Wildbahn

Etwa zwei Stunden solltet ihr für den Rundgang unbedingt einkalkulieren, denn bei rund Hundert Tierarten gibt es tierisch viel zu sehen. Einen ersten Überblick könnt ihr euch auf einem der Aussichtstürme verschaffen. Und die Flugvorführungen solltet ihr keinesfalls versäumen!

Es nennt sich zwar Wisentgehege, doch zu erleben sind weit mehr Tiere: Gut 100 Wildarten tummeln sich hier auf etwa 90 Hektar Wald und Park – ob Fischotter, Luchs oder Marderhund, Waschbär oder das besagte Wisent, Vögel oder Sorraiapferde in freier Wildbahn. Die von Hand aufgezogenen Polar- und Timberwölfe könnt ihr wunderbar betrachten. Oder als weiteren Höhepunkt das Rentiercamp, in dem diese nordischen Tiere zweimal am Tag gezeigt werden und viel über

UNSER TIPP

Jens spielt selbst gerne Fußball und hat sich das Fußballmuseum in Springe angesehen. »Echt cool, was da über die Vereine von früher und heute zu sehen ist«, schwärmt er. »Und noch dazu gratis.«

die Beziehung zwischen ihnen und den Menschen erklärt wird. Immer sonntags sind kostenlose Schnupperführungen im Programm. Am besten ist es ohnehin, wenn ihr euch vor dem Besuch im Internet auf der Seite des Geheges den Punkt Tagesprogramm aufruft. Dort ist eine gute Übersicht über alle Aktivitäten zu finden. Sehr beliebt sind zudem die spektakulären Flugvorführungen von Adlern und anderen Greifvögeln. In der Hauptsaison kreisen die erhabenen Tiere zweimal am Tag.

Übrigens: Der Erhalt der Wisente war bereits im Jahr 1928 der Auslöser, dieses Gehege zu gründen. Froh sind die Züchter in Springe seit 2014, denn da gab es bei den seltenen Flachlandwisenten, die hier gezüchtet werden, erstmals Nachwuchs.

Sicher wird ein Besuch im Wisentgehege nicht ausreichen, um alles zu erleben und zu erfahren, was euch interessiert – deshalb solltet ihr auf jeden Fall mehrere Besuche einplanen.

《 Der Waschbär ist neugierig. Was er wohl sieht?

67 Erse Park Uetze
Einfach gut

Mit 40 Attraktionen auf zehn Hektar ist der Park am Nordostrand der Region Hannover ein Klassiker. Dinosaurier grüßen aus dem Wald, Wackelautos stehen zum Fahren bereit, Riesenrad und Hochbahn entführen in schwindelerregende Höhen – was für ein schöner Tag!

Wenig Hightech, dafür viel Bodenständiges, so in etwa lässt sich das Angebot zusammenfassen. Und das hat sein Gutes, denn gerade für kleine Kinder ist der Erse Park Uetze traumhaft schön. Es gibt einen zauberhaften Märchenwald mit Aschenputtel und Zwergengrotte. Auch das Drachenland mit Dame »Ersie« gehört dazu. Es gibt Wackelautos, mit denen man auf Schienen durch die Steinzeit fahren kann, vorbei an mannshohen Figuren aus jener Zeit. Und auch noch eine Traktorbahn – auch auf Schienen.

Auch das Riesenrad dreht sich wieder und ein neuer Bootsbahnhof hat geöffnet. Von dort fahrt ihr durch das Reich der Dinosaurier und könnt über die großen Urtiere staunen. Natürlich versprechen auch Schiffsschaukel, Bobkartbahn und Familien-Achterbahn Fahrgenuss pur. In vier Metern Höhe ist die Hochbahn unterwegs und bietet einen guten Überblick über die Parkanlage. Sie fährt zwar langsam, ist aber 1,2 Kilometer lang. Spritzig wird es mit Wasserrutsche, Wasserdreirad, Kurbelboot, Kanu und Wasserrondell – Vorsicht, hier kann es nass werden! Ein besonderes Vergnügen bietet auch das Teetassenkarussell. Da nehmt ihr in übergroßen weißen Tassen Platz, die blaue Streifen tragen. Und schon geht es rund. Auch das Schwanenkarussell bietet Schwung. Es sind diese vielen kleinen Freuden, die den Erse Park Uetze zu einem wunderbaren Familienziel machen.

UNSER TIPP

»Wir haben am Irenensee in einem Storchennest übernachtet«, erzählt Franziska. »Ehrlich? Ist das nicht viel zu schmal oben auf so einem Masten?«, fragt Julian. »Nein, nein«, lacht Franziska, »so werden dort nur kleine Hütten mit fünf Schlafplätzen genannt.«

Es sind die einfachen Spielangebote, die überzeugen. »

Anfahrt B 88 bei Uetze, zwischen Hannover, Braunschweig, Celle
Adresse Erse Park Uetze, Abbeile 2, 31311 Uetze, Tel. 0491/91 96 96 30, www.paddelundpedal.de
Öffnungszeiten April–Okt. tgl. 10–18 Uhr
Preise Kinder 3–11 Jahre 19 €, ab 12 Jahre 21 €
Barrierefrei Überwiegend

68 Jimmys Spielewelt
Von real bis virtuell

Dieser riesige Indoor-Park in Hildesheim mit Außenspielgelände hat für alle Altersklassen etwas zu bieten. Ob Kletterfelsen, Hochseilgarten oder Virtual Reality (VR), es gibt viel zu erleben. Allerdings muss man für so manches Highlight extra bezahlen.

Der Bereich für die Jüngsten bietet vor allem spielerischen Spaß, der Ninja Parcours fordert bereits Geschicklichkeit. Man kann Fußball spielen, Tischkicker, Wellenrutschen, Trampolin springen oder den Außenspielplatz nutzen: Rodelbahn mit Lift, Rennfahr-E-Autos, Kettcar und Hüpf-Hai sind die Hits.

Wenn ihr mehr wollt, müsst ihr noch mal etwas Geld drauflegen. Dafür bekommt ihr aber Zutritt zum Kletterfelsen, und der ist die pure Herausforderung. Auch in den Hochseilgärten ist es nicht ganz leicht, sich zu halten. Virtual-Reality-Spiele sind Kindern ab zwölf Jahren vorbehalten. Eine Stunde kostet 24,50 Euro, ihr bekommt einen kleinen Bildschirm vor die Augen und könnt losspielen. Bis zu vier Spieler können zusammenspielen. Lasst euch überraschen, welche Spiele euch so vor die Augen kommen. Es gibt in Japan schon einen eigenen Spielpark, in dem man sich nur mit solchen »Brillen« bewegt. Auch hier in Hildesheim befindet ihr euch in einer interaktiven, vom Computer dargestellten Umgebung in Echtzeit. So könnt ihr neue Dimensionen des Spielens erfahren. Aber es ist – im Gegensatz zu einer lebendigen grünen Wiese – eben doch nur eine künstliche Umwelt. Trotzdem: Viel Spaß dabei!

Anfahrt A 7 bis Hildesheim, B 494, rechts in den Lerchenkamp
Adresse Jim und Jimmy, Lerchenkamp 60, 31137 Hildesheim,

Tel. 05121/690 49-0,
www.jimmys-spielewelt.de
Öffnungszeiten Ferien: Mi–So 10–19, sonst Mi–Fr 15–19, Sa/So 10–19 Uhr
Preise Kinder bis 2 Jahre 3 €, 3–18 Jahre 9 €, Erwachsene 5 €, weitere Extrapreise
Barrierefrei Überwiegend

Familienpark Sottrum
Auf zu Brett Pitt

Mit seinen rund 100 Stationen ist der naturbelassene Park ein idealer Freiraumspaß für Kinder. Er kommt ganz ohne Vergnügungsmaschinerie aus. Dafür ist das Reich der Sinne ausgeprägt. Tiere spielen auch eine Rolle ... und Baumhäuser.

Welches Tier hinterlässt welche Spur? Als Detektive könnt ihr das herausfinden. Oder im Bauernhof mit den Tieren schmusen. Hier leben Ziegen, Schafe, Esel, Meerschweinchen, Pferde und Wildschweine, und es gibt einen hübschen Ungezieferzoo. Wer möchte, kann Vogelstimmen erraten oder der Schnappschildkröte zusehen. Und spielen geht sowieso immer und überall im Park. Wasser zum Umleiten und Herummatschen ist genug da.

Darüber hinaus gibt es viele Stationen für Entdecker und kleine Wissenschaftler. Mal geht es um die Geschichte der Null, mal um das magische Quadrat oder um physikalische Phänomene. Ihr könnt an einer Park-Rallye teilnehmen – die Fragen dazu findet ihr im Internet (Link Informationen) –, den Philosophenweg oder das Museum des Nichts suchen. Oder Brett Pitt ... habt ihr »den« schon gesehen?

Selbst ein langer Tag reicht für den Familienpark Sottrum kaum aus. Deshalb gibt es auch mehrere Möglichkeiten, hier zu übernachten: zum Beispiel in den Baumhäusern im kleinen Wald. Ob Sternen-, Dschungel-, Wipfel- oder Hexenhaus, sie alle haben Schlafkomfort und sind urige Domizile. Auch das Drachen-/Fass-Haus und die Villa Kunterbunt sind zu empfehlen.

Anfahrt A 7, Ausfahrt Derneburg, B 6, Holle, L 493 südlich Ortsrand
Adresse Familienpark Sottrum, Ziegeleistr. 28, 31188 Holle,

Tel. 0491/91 96 96 30,
www.familienparksottrum.de
Öffnungszeiten April–Okt. tgl. 10–18 Uhr
Preise Kinder 3–14 Jahre 10 €, ab 15 Jahre 12 €
Barrierefrei Überwiegend

Anfahrt B 1 zwischen Hildesheim und Hameln, bis Benstorf
Adresse Kids-Dinoworld, Quanthofer Str. 9 (neben Rasti-Land), 31020 Salzhemmendorf, Tel. 05153/68 74, www.kids-dinoworld.de
Öffnungszeiten www.kids-dinoworld.de
Preise Kinder 3–14 Jahre 11,50 €, ab 15 Jahren 8,50 €, viele Rabatte
Barrierefrei Überwiegend

Kids-Dinoworld
Wow, ein Hochziehturm!

Ein Tunnel verbindet zwei große Hallen – und damit stehen Kindern 5.000 Quadratmeter (!) zum Spielen und Toben offen. Ob Minigolf bei Schwarzlicht, Wildwasserbahn oder Spieleparadies – es wird bestimmt ein spannender Tag.

Bällebad, Snappy-Hüpfburg, Mini-Skooter … das sind Indoor-Attraktionen, die Spaß machen, die viele von euch aber wahrscheinlich schon können. Doch in der Kids-Dinoworld sind das nur die Basics. Und die werden ganz klar getoppt – zum Beispiel von Minibowling und Minigolf im Schwarzlicht, von einer Wildwasserbahn mit Sturz aus einer Höhe von 4,50 Metern, einer 100 Meter langen Einschienen-Tret-Hochbahn oder – einem interaktiven Hochziehturm: Während er sich dreht, bestimmt ihr durch euer Ziehen am Seil, wie hoch ihr steigen wollt. Außerdem sind da noch das elektronische Kasperltheater, eine elektronische Torwand, der Soccercourt, ein Indoor-Hochseilgarten, und, und, und … Rutschen, klettern, verstecken – all das könnt ihr nach Belieben praktizieren; es gibt für euch also reichlich zu tun.

UNSER TIPP

Lena und Luca fanden das Naturparadies Weenzer Bruch am Humboldtsee bei Wallensen sehr gemütlich. »Wir waren mit dem Boot unterwegs«, erzählen sie stolz. »Und wir haben dort gecampt.«

Hier noch ein paar Regeln: Kinder bis elf Jahre dürfen nur mit einem Erwachsenen in die Kids-Dinoworld. Von zwölf bis 15 Jahren dürft ihr alleine kommen, und ab 16 Jahren müsst ihr mindestens ein Kind mitbringen. Geschlossene Schuhe oder Sportschuhe sind bei manchen Dingen Pflicht. Und solltet ihr eine Geburtstagsfeier hier planen, findet ihr dazu passend auf der Internetseite schon die Einladungskarten. Ausdrucken, ausfüllen, fertig. Ihr müsst nur vorher reservieren und bekommt dann einen Raum sowie Rabatte, abhängig von der Anzahl der Kinder. Herzlichen Glückwunsch!

《 Langsam hinauf und mit Schwung in die Tiefe – das kitzelt.

71 NaturErlebnisBad Luthe
Wie früher!

Chlorfrei baden wie in alten Zeiten – das geht in Luthe ganz hervorragend. Das Freibad ist beliebt, bietet ausreichend Platz, ob zum Toben oder zum Liegen, und hat ein italienisches Bistro sowie eine Raftingbahn. Ein echtes Sommerparadies.

Es geht auch völlig ohne Chemie! Heimische Wasserpflanzen, an deren Wurzeln Mikroorganismen anlagern, übernehmen im NaturErlebnisBad Luthe die natürliche Reinigung des Wassers, und das trotz bis zu 2.000 Gästen pro Tag im Sommer. Das ist für Haut und Augen viel verträglicher – also einfach hineinspringen und wohlfühlen. Und das tun hier immer viele. Immerhin hat der Badeteich 2.000 Quadratmeter an Größe anzubieten, unterteilt für Schwimmer und Nichtschwimmer. Das ist aber natürlich noch nicht alles: Sprungfelsen, Kaskadenbecken, Raftingbahn, ein Beachvolleyballfeld oder Tischtennis sind weitere Attraktionen, mit denen man sich dort die Zeit vertreiben kann. Es gibt eine große Liegewiese mit altem Baumbestand, der ausreichend Schatten spendet, und mit dem italienischen Bistro auch ein klein bisschen italienisches Urlaubsflair.

Übrigens erhielt das Bad als erstes Naturbad überhaupt 2018 die Auszeichnung der Deutschen Gesellschaft für das Badewesen für das beste Freibad in Deutschland. Damit wurde auch das ehrenamtliche Engagement der Genossenschaft, die das Bad betreibt, und ihrer Mitglieder für den Erhalt, die Sanierung und Weiterentwicklung der Anlage geehrt. Neuerdings gibt es sogar freies WLAN auf dem Gelände. Und am Bundesfreiwilligendienst nimmt das Bad ebenfalls teil und sucht dafür entsprechende Mitstreiter/-innen.

UNSER TIPP

Laura spielt begeistert Adventure Golf in der Piratenbucht Hagenburg. Hannes läuft lieber durch den »Wasser + mehr Erlebnispark Steinhude«. Und beide leihen sich gern ein Boot in Steinhude aus.

Wasserspiele im Überfluss – Luthe hat immer Zulauf. »

Anfahrt A 2, Abfahrt Wunstorf, B 441, in Wunstorf erste Abfahrt rechts, Adolf-Oesterheld-Str., rechts in die Rotdornstr., dann links An der Böhmerke
Adresse NaturErlebnisBad Luthe eG, An der Böhmerke 9, 31515 Wunstorf, Tel. 05031/69 49 36, www.naturerlebnisbad-luthe.de
Öffnungszeiten Ende April bis Anfang Okt. tgl. 11–21 Uhr, außerhalb der Schulferien Mo–Fr erst ab 14 Uhr
Preise Kinder bis 5 Jahre frei, sonst 1,50 €, Erwachsene 4 €
Barrierefrei Ja

Anfahrt Auto: A 2, Ausfahrt Wunstorf, B 441 Wunstorf, Steinhude; Bus: 710, 711, 715, 820, 835, 2010, Steinhude/An der Friedenseiche; Rad: Regionsroute 6, Steinhuder-Meer-Rundweg

Adresse Steinhuder Meer Tourismus GmbH, Meerstr. 15–19, 31515 Wunstorf-Steinhude, Tel. 05033/950 10, www.steinhuder-meer.de

Öffnungszeiten Ganzjährig

Preise Kostenlos, Tickets für SeaTrea etc. extra

Barrierefrei Ja

Am Steinhuder Meer
Und auf Dinos Spuren

72

Das Freizeitangebot am und im größten See Niedersachsens ist enorm und wohl kaum an einem Tag zu schaffen. Doch ebendiese Vielfalt ist es, die besonders Familien anzieht. Jeder findet hier etwas, das ihm Spaß macht. Und Wiederholungs»täter« sind willkommen!

Es gibt Badestrände, zwei Inseln, seltene Tiere, Moor, Klettertürme und … 300 Dinosaurier. Ja, wirklich, und die solltet ihr euch nicht entgehen lassen. Aber der Reihe nach …

Die Badeinsel in Steinhude bietet einen langen Sandstrand, fast wie am Mittelmeer. Die Zugänge sind flach, sodass auch Nichtschwimmer keine Angst zu haben brauchen. Am Nordufer in Mardorf kommt regelrechtes Beachfeeling auf. Da wird gesurft, und es gibt sogar Stehpaddelboards.

Die zweite Insel ist der Wilhelmstein. Dort könnt ihr zwar nicht baden, aber die Überfahrt im Boot ist ein tolles Erlebnis. Und es gibt eine alte Festung zu besichtigen. Außerdem liegt dort ein Modell des ersten U-Boots, das einmal hier getestet wurde. Wer will, kann auf der Insel sogar übernachten.

Lust auf eine Radtour? Eine wunderbare Strecke führt einmal rund ums Steinhuder Meer. Insgesamt sind das etwa 32 Kilometer, nur mit äußerst geringen Höhenunterschieden ist es super spannend. Am Westufer sind Aussichtstürme zum Beobachten seltener Vögel vorhanden, am Ostufer geht es durchs Moor. Wer möchte, kann in Mardorf am Nordufer auch ein Kletterabenteuer bestehen. Dort, im SeaTree, stehen Seilrutschen, eine Rolle, eine Flying-Schaukel und noch mehr auf drei Parcours für euch bereit. Und ein paar Kilometer westlich liegt schließlich der Dino-Park in Münchehagen. Auf einem 2,5 Kilometer langen Rundweg geht es vorbei an originalgroßen Nachbildungen von Dinosauriern. Schon beeindruckend. Und wirklich echt sind ein paar Spuren, die die großen Tiere hier vor langer, langer Zeit hinterließen. Also nichts wie hin und unbedingt ansehen!

« Ob am Strand oder beim Klettern, der Ufersaum bringt Freude.

73 Weserbergland
Mit Dampflok oder Schienenbus?

Eisenbahnromantik zu erleben ist ein echter Gewinn. Wenn man so langsam durch die Landschaft zuckelt, verändert sich das Zeitgefühl. Mit dem Dampfzug oder dem »Schaumburger«, einem alten, roten Triebwagen, kommt ihr von Stadthagen bis nach Rinteln und zurück. Vorsicht am Gleis! Bitte einsteigen!

Reisen wie vor hundert Jahren, mit viel Dampf? Genau das erlebt ihr hier. Eure Großeltern könnten sicher viel davon erzählen. Denn früher war das eine verbreitete Art der Fortbewegung.

Schmalspurbahnen wie hinauf zum Brocken im Harz gibt es noch so einige. Doch nicht alle verfügen über die Original-Spurbreite der Deutschen Bahn. Also hinein ins Vergnügen, zum Beispiel in Stadthagen-West: Dort besteigt ihr den Weserbergland-Express. Am besten, ihr bucht vorher, denn er fährt nur etwa einmal im Monat während der Sommermonate und ist dann oft voll. Um 11 oder 15 Uhr geht es los – über Obernkirchen, Bad Eilsen, Steinbergen bis Rinteln-Nord und von da wieder zurück nach Stadthagen. Auf der Fahrt gibt es also viel zu sehen. Ihr könnt euch im Büfettwagen verpflegen. Interessant sind zudem die Sonderfahrten: zum Advent nach Goslar oder Osnabrück.

UNSER TIPP
Leo und Marcel gehen gern ins Tropicana in Stadthagen. »Es ist sooo lustig im Strudelbecken oder im Strömungskanal«, schwärmt Leo. »Und erst die Rutsche! Sie ist 70 Meter lang«, ergänzt Marcel.

Übrigens müsst ihr nicht unbedingt auf die Dampflok warten. Ihr könnt von April bis Oktober auch den roten, alten »Uerdinger Schienenbus«, Baujahr 1960 (!), nehmen. Von Stadthagen-West aus fährt er über Obernkirchen, Bad Eilsen und weitere Stationen ebenfalls bis Rinteln-Nord und zurück. Die Strecke ist identisch. Und in Obernkirchen lohnt ein Zwischenstopp: Das Bahnhofslokal ist nach altem Vorbild renoviert.

Alte Loks unter Dampf – das fasziniert einfach. »

Anfahrt A 2 bis Bad Nenndorf, B 65, Dülwald-, und Industriestr., links L 372 bis Bhf.
Adresse Dampfeisenbahn Weserbergland, Am Bahnhof 9 (zwischen 9 und 11), 31655 Stadthagen, Tel. 05725/275 91 57 (Tickets reservieren!); Tourist-Info Stadthagen, Am Markt 1, Tel. 05721/92 50 65, www.dampfeisenbahn-weserbergland.de; Schienenbus: www.der-schaumburger-ferst.de
Fahrplan s. Internet
Preise Kinder 4–12 Jahre 7 €, Erwachsene 15 €, Kinderwagen und Räder kostenlos
Barrierefrei Bedingt

Anfahrt Auto: A 2 bis Bad Eilsen, B 238, Rinteln-Mitte, dann ausgeschildert; Bahn: bis Rinteln-Nord
Adresse Draisinenbahnhof, Extertalstr. 35, 31737 Rinteln, Tel. 05751/40 39 88 (Mo–Fr 9–14 Uhr), www.draisinen.de
Öffnungszeiten April bis Ende Okt. Mi–So ab 9 Uhr (Start nur bis 11.30 Uhr!)
Preise 64 € pro Draisine (4 Personen), Sa/ So 69 €, Schnupperfahrt 50 €
Barrierefrei Ja, Rolli-Draisine

Draisinen in Rinteln
Gratis ins Freibad

Wisst ihr, was eine Draisine ist? Seit 200 Jahren gibt es dieses Gefährt schon, und es macht Spaß, sich damit mal fortzubewegen. In Rinteln könnt ihr es ausprobieren. Bis spätestens 11.30 Uhr müsst ihr da sein, und sich vorher anzumelden ist sehr ratsam. Was für ein Landschafts-Feeling!

Durch das Weserbergland radeln und die frische Luft genießen, anhalten, sich stärken, spielen – na, wäre das was? Mit einer Draisine geht das – allerdings nur auf Schienen, und hier in Rinteln sogar mit Elektroantrieb.

18,1 Kilometer liegen vor euch. Ihr sitzt zu mehreren auf dem Gefährt und startet am Vormittag (9 bis 11.30 Uhr). Es gibt nämlich nur ein Gleis, und das steigt von Rinteln aus nach Süden, Richtung Alverdissen, leicht an (1,1 Prozent). Die gute Nachricht: Zunächst seid ihr etwa 1,5 Stunden bei rund sechs Stundenkilometern unterwegs, zurück nutzt ihr aber das Gefälle und beschleunigt auf 14 Stundenkilometer. Die Rückfahrt aller Draisinen beginnt um 14 Uhr – ganz egal, wo auf der Strecke ihr euch gerade befindet. Unterwegs könnt ihr an den ausgewiesenen Haltepunkten stoppen. Ein paar Spiele dürft ihr euch vor der Abfahrt (gegen Pfand) ausleihen. Und am Endpunkt in Alverdissen könnt ihr gratis ins Freibad gehen (Öffnungszeiten beachten!). Das Ticket dazu bekommt ihr bei der Abfahrt im Draisinenbahnhof.

UNSER TIPP

Wie gut Pferde tanzen können, hat Jana in der Fürstlichen Hofreitschule Bückeburg fasziniert. Und auch die Pferde im Reitstall am Schloss sind toll anzusehen. »Da möchte ich unbedingt noch mal hin«, sagt sie sehnsüchtig.

Elektronisch löst die Draisine auch Bahnschranken aus. Dann halten die Autos auf der Straße, die ihr quert, und ihr rauscht durch. Was für ein Gefühl! Auf eurer Strecke (und weiteren) fuhren von 1927 bis 1969 Triebwagen der Extertalbahn. Mit Eisenbahn-Draisinen wurde übrigens früher die Strecke kontrolliert und sie dienten dem Transport von Arbeitern und Werkzeug.

《 Treten und Rollen – so beginnt das Vergnügen auf Schienen.

Von Baum zu Baum oder in die Höhlen? Wer gerne wilde Sprünge macht oder Alltagsphänomene erforscht, ist in diesem Kapitel goldrichtig.

⌃ Im Harz gibt es viel zu entdecken.

Der Harz, Braunschweig und der Süden

75 Baumwipfelpfad Bad Harzburg
Hinauf zur Erleuchtung

Mit den Spiel- und Lernstationen ist der ein Kilometer lange Baumwipfelpfad ein einmaliges Ausflugsziel im Harz. Vielleicht schaut ihr erst nach den besonderen Events, die es dort gibt. Das verzaubert das Ganze. Und dann noch hinauf zum Burgberg? Guten Aufstieg!

UNSER TIPP

Klara möchte mit ihren Eltern unbedingt noch zum Luchsgehege. Mittwochs und samstags um 14.30 Uhr ist Fütterung, hat sie erfahren. »Von oben vom Burgberg ist es nur eine Stunde bis dorthin«, verkündet sie fröhlich.

Besonders stimmungsvoll ist das Wipfelleuchten im August, denn dann zaubert der gesamte Baumwipfelpfad Lichteffekte ins Tal und Fabelwesen und Seiltänzer huschen durch die Szenerie. Aber auch sonst bietet die kleine Reise zu den zahlreichen Entdeckerstationen in Wipfelhöhe der Birken, Fichten und Buchen viel Genuss und Information. Es geht um Insekten, Bäume und Bodenschätze, ihr könnt geschnitzte Holztiere und andere Figuren sehen, und es wird auch deutlich, wie mühsam einst das Leben im Harz war. Immer wieder gibt es Aktionen zum Selbst-Ausprobieren.

Der Blick in die Tiefe unter euch, von der großen Brücke in einen Teich, ist gigantisch. Wer möchte, kann auch einmal den Sonnenaufgang auf dem Pfad erleben – dazu kann man eine spezielle Führung buchen. Oder im Mondschein? Auch Lesungen werden veranstaltet oder es gibt Musik. Ihr seht: Der Pfad ist höchst lebendig! Apropos: Nur Hunde sind nicht zugelassen.

Die Bergsteiger unter euch können anschließend noch zum Großen Burgberg auf 483 Meter aufsteigen oder (für Nichtbergsteiger) von unten mit der Seilbahn hochfahren. Die Aussicht ist herrlich, auch ins Harzvorland. Oben gibt es ein Restaurant mit Hotel. Ansonsten hat unten im Kurpark das BurgBergCenter mit dem Restaurant »Sagenhaft« viel zu bieten.

Mit den Baumkronen auf Augenhöhe: An den Stationen erfahrt ihr viel mehr. »

Anfahrt B 4 bis Bad Harzburg, Parkplatz an Talstation der Wurmberg-Seilbahn

Adresse Baumwipfelpfad Bad Harzburg, Nordhäuser Str. 2, 38667 Bad Harzburg, Tel. 05322/877 79 20, www.baumwipfelpfad-harz.de; wochentags Tickets im BurgBergCenter neben der Seilbahn/Kurpark

Öffnungszeiten April–Okt. tgl. 9.30–18, Nov.–März 10–16 Uhr

Preise Kinder 4–17 Jahre 6,50 €, Erwachsene 8 €

Barrierefrei Ja

76 KulturKloster Duderstadt
Zeit für Kreativität

Kreativ und aktiv geht es bei den Workshops und Seminaren des KulturKlosters zu den Themen Musik, Theater und Tanz zu. Wenn ihr wollt, könnt ihr sogar selbst Ideen mitbringen. Profis begleiten und unterstützen euch. Wichtig ist nur: Plant den Besuch weit im Voraus, denn die Angebote sind schnell ausgebucht.

Ihr habt Spaß an Tanz, Theater und Musik? Dann bucht ihr am besten hier in Duderstadt einen Workshop. Das KulturKloster ist ein Motor für Kulturprojekte dieser Art. Unter den Stichworten »aktiv«, »Kunst«, »Kultur« und »kreativ« findet ihr viel Bewegungsraum und Freiheit. Es gibt eine Reihe von Angeboten für Kinder und Jugendliche. Ihr könnt selbst mitmachen oder bei Aufführungen anderer zusehen. Der jeweilige Ort des Kurses oder der Veranstaltung wird euch bekannt gegeben.

Dabei wird alles von Profis angeleitet. Zu den Partnern zählen die Internationalen Händel-Festspiele Göttingen, der Kulturverein Musa und das Deutsche Theater Göttingen. Der Landschaftsverband Südniedersachsen gehört zu den Förderern, ebenso die Stiftung der Ursulinen Duderstadt.

Die Seminare sind immer spannend, denn die Leitung des KulturKlosters sprüht nur so vor Ideen, ist aber auch anderen gegenüber aufgeschlossen – ihr könnt also gerne auch selbst Anregungen mitbringen. Für längere Projekte werden Übernachtungen organisiert. So könnt ihr in Ruhe proben und euch auf das Thema einlassen. Vielleicht ist ja schon für diesen Sommer etwas dabei? Oder ihr plant einen Winterausflug in den Südosten Niedersachsens.

Anfahrt A 7, Northeim, B 241 und B 247 bis Duderstadt, zum jeweiligen Veranstaltungsort

Adresse KulturKloster Duderstadt, Marktstr. 70 (Büro), 37115 Duderstadt, Tel. 05527/999 40 76, www.kulturkloster-duderstadt.com
Öffnungszeiten Kurse auf Anfrage
Preise Je nach Workshop
Barrierefrei Ja

Tierpark Hardegsen
Mit neuem Spielplatz

77

Am Tor zum wunderschönen Solling (ein idealer Ausgangspunkt zum Wandern und Mountainbiken) erlebt ihr einen naturnahen Park voller Tiere. Bürsten statt füttern lautet das Motto auf der Streichelwiese. Und im Weitsprung könnt ihr euch mit den Tieren messen. Viel Erfolg!

Gemäß dem oben genannten Motto liegen natürlich etliche Bürsten für euch bereit. Damit könnt ihr auf der Streichelwiese liebevoll die Tiere striegeln, aber bitte nicht füttern! Habt ihr Lust auf Bewegung bekommen? Dann ab zur Sprungbahn. Dort könnt ihr ausprobieren, mit welchem Tier ihr es beim Weitsprung aufnehmen könnt. Die Schilder neben dem Sand geben Anhaltspunkte. Und auch zum Spielen habt ihr viele Möglichkeiten. Seit 2019 ist der neue Spielplatz im oberen Teil des Wildparks am Wildschweingehege der Hit. Kindergartenkinder waren an der Auswahl der Geräte beteiligt. Probiert einfach alles aus und erzählt euren Eltern, was am schönsten war.

Ach ja, die rund 100 Tiere wollt ihr sicher auch anschauen. Sie sind im unteren und oberen Teil zu finden. Hier könnt ihr Zackelschaf und Mufflon, Ziege und Minischwein neben Dam- und Rotwild erleben.

Beide Teile des Wildparks sind durch eine Treppe verbunden, die für Kinderwagen und Rollis nicht geeignet ist. Dafür gibt es einen extra Zugang, der auch mit dem Auto zu erreichen ist. Die Parkleitung gibt Auskunft. Zum Schluss ab ins Keiler-Eck mit Kaffee, Kuchen und Getränken … ein leckerer Ausklang.

Anfahrt A 7 bis Nörten-Hardenberg, Hardegsen, Richtung Ertinghausen

Adresse Wildpark Hardegsen, Ertinghäuser Str. 4, 37181 Hardegsen, Tel. 05505/503 62, www.wildpark-hardegsen.de

Öffnungszeiten Tgl. 9–18 Uhr
Preise Kostenlos, Spende erbeten
Barrierefrei Ja, aber besondere Zufahrten

Anfahrt A 7, Ausfahrt Sessen, B 243/Richtung Osterode, B 242/Richtung Clausthal-Zellerfeld, oberhalb von Bad Grund liegt das Ziel an der B 242
Adresse HöhlenErlebnisZentrum, An der Tropfsteinhöhle, direkt an der B 242, 37539 Bad Grund (Harz), Tel. 05327/82 93 91, www.hoehlen-erlebnis-zentrum.de
Öffnungszeiten Ganzjährig Di–So 10–17 Uhr, erweiterte Saisonzeiten im Juli, Aug. und Okt. tgl. 10–17 Uhr
Preise Kinder 6 €, Erwachsene 8 €
Barrierefrei Ja

HöhlenErlebnisZentrum
Voller Überraschungen

Das HöhlenErlebnisZentrum in Bad Grund überrascht gleich zweifach: Hier könnt ihr anhand von Rekonstruktionen die älteste Familie der Welt – die Vorfahren haben vor 3.000 Jahren gelebt – sehen. Und: Die Tropfsteinhöhle im Iberg hat einen weiten Weg hinter sich – einst lag sie vor Madagaskar.

Vor längerer Zeit wurden 48 Menschenskelette in der nahen Lichtensteinhöhle im Gipskarst gefunden. Bei Untersuchungen zeigte sich, dass sie vor rund 3.000 Jahren in dieser Gegend gelebt haben und auch miteinander verwandt waren. 2014 wurden auch die heutigen Bewohner der Region näher untersucht. Das geht anhand eines DNA-Tests, der Einblicke in das Erbgut liefert. Und siehe da: Es gibt heute noch Nachfahren dieser Großfamilie. Sie ist damit die älteste bekannte Familie der Welt überhaupt. Das wird eindrucksvoll am Eingang erklärt und gezeigt.

UNSER TIPP

Jasmin erzählt: »Der WeltWald in Bad Grund kann kostenlos besucht werden, bietet Bäume aus vier Kontinenten und viel zum Spielen. Ich war auf der Hängebrücke, am Indianergrab, im Felsenirrgarten und auf dem Entdeckerturm.«

Wer nun weiter in die Tropfsteinhöhle hineingeht, erfährt, dass dieser Berg vor rund 385 Millionen Jahren entstanden ist, ursprünglich ein Korallenriff war und etwa dort lag, wo sich heute Madagaskar befindet, eine Insel vor der Südostküste Afrikas. Das Riff machte sich durch die Kontinentalverschiebung auf den Weg nach Norden. Auch das ist gut erläutert. So lassen sich im Gips noch Abdrücke von Meerestieren aus dieser Zeit finden – für viele eine ziemlich große Überraschung.

Und natürlich könnt ihr auch die großen Tropfsteine sehen. Der geheimnisvolle Zwergenkönig Hübich lebte wohl der Sage nach einst mit seinem Volk hier unten im Iberg. Und wenn ihr gern Geocache oder Earthcache macht, werdet ihr in dieser Höhle sicher ebenfalls fündig. Viel Glück!

« »Wir lagen vor Madagaskar ...« – das Riff kam einst von dort hierher.

79 Wichtelpfad Sievershausen
Mit allen Sinnen

Mit seinen kleinen Wichtelvideos ist der Pfad ein großer Spaß für die ganze Familie. Die lustigen Gesellen weisen euch den Weg, bringen Steine zum Reden und zeigen euch, was die Libelle so alles wahrnimmt. Und so ganz nebenbei sprechen 15 Stationen alle eure Sinne an.

Heute dürft ihr – nein, ihr müsst sogar – euer Smartphone mitnehmen. Denn auf den 15 Stationen des Wichtelpfades geht es darum, etwas über Wald, Tiere, Pflanzen und Märchen zu erfahren. Dazu scannt ihr an den Schildern jeweils den QR-Code – das sind die schwarz-weißen Muster in einem Viereck – ein. Das Handy erkennt sie (vorausgesetzt, ihr habt die kostenfreie App der Solling-Vogler-Region dazu heruntergeladen!) und führt euch dazu jeweils einen kleinen Film vor. Somit wird ein interaktiver Wanderweg daraus, übrigens der erste in der Region Solling-Vogler.

Das ist familienfreundlich, lustig und ihr lernt etwas dabei. Denn nach den Filmchen schaut ihr euch auf dem Pfad genauer um und erkennt all das auch in der Natur, was ihr gesehen habt, denn nun wisst ihr, worauf ihr genau achten müsst. Jung und Alt lernen gemeinsam, das ist eines der Ziele dieses fast zwei Kilometer langen Wanderpfades durch den Wald. Nicht umsonst hat ihn der Deutsche Wanderverband als »Qualitätsweg Familienspaß« ausgezeichnet.

Übrigens wird immer im Mai in Sievershausen das Meilerfest gefeiert. Dazu schichten Freiwillige Hölzer auf und zünden sie dann an. Es gibt ein Kinderprogramm, Musik und Jägerroulade sowie Bratwurst mit Pommes. Der rührige Verein von 1928 lässt sich immer wieder etwas einfallen, was die Besucher/-innen begeistert.

UNSER TIPP

Sascha hat Lust auf mehr bekommen. Ein anderer Pfad in Solling-Vogler, der Wilhelm-Busch-Pfad bei Lüthorst, ist gar nicht weit entfernt. Der bekannte Dichter und Zeichner (ihr kennt sicher »Max und Moritz«?) lebte lange Jahre in dem Dorf.

An 15 Stationen werden eure Fragen beantwortet. »

Anfahrt B 3 bis Einbeck, westlich nach Dassel, südlich zum Ortsteil Sievershausen, Ortsausgang nach Abbecke
Adresse Wichtelpfad Sievershausen, Wanderparkplatz Unter den Eichen 9, 37586 Dassel-Sievershausen, Tel. 05564/91 12 und 05536/96 09 70 (Solling-Vogler-Region), www.solling-vogler-region.de/wandern/wichtelpfad.html
Öffnungszeiten Jederzeit frei zugänglich
Preise Kostenlos
Barrierefrei Ja

Anfahrt A 7 bis Nörten-Hardenberg, Hardegsen, Uslar, Nienover
Adresse Hutewald Neuhaus: Parkplatz Schinkeltriftstr., 37194 Nienover; WildparkHaus: Wildpark 1, 37603 Holzminden-Neuhaus, Tel. 05536/13 13, www.naturpark-solling-vogler.de
Öffnungszeiten Hutewald jederzeit zugänglich; WildparkHaus in Neuhaus Mai–Okt. tgl. 9–19, Nov.–April 9–17 Uhr
Preise Kostenlos
Barrierefrei Ja

Hutewald Neuhaus
Weiden wie anno dazumal

80

Am Schloss Nienover und dem Mittelalterhaus geht es los. Ihr geht am Carolinenteich vorbei in den Hutewald, seht das Schaugehege und die robusten Exmoorponys sowie Auerochsen – ein Ausflug in die Urzeit der Weidehaltung.

Rinder und Pferde im (halboffenen) Wald zu halten, ist die älteste Form der Weidehaltung. Hier, bei Uslar im Solling, läuft das größte »Hutewald«-Projekt – so nennt sich diese Tierhaltung – in Deutschland. Ihr geht auf einem 5,5 Kilometer langen Rundweg (Lebensraumroute) durch diesen Wald und haltet nach Ponys Ausschau. Alte Eichen und verwunschene andere Bäume seht ihr auf jeden Fall. Ob auch Exmoorponys aus Südwestengland, wird sich zeigen – sie sind manchmal etwas scheu. Die urigen Tiere haben helle Augenringe und ein Mehlmaul, und sie grasen, fressen Zweige und Blätter. Auerochsen – die Urahnen der heutigen Hausrinder – sind auch unterwegs. Diese Rasse hat ebenfalls ein weiß behaartes Maul und ist schon vor mehr als 250.000 Jahren durch Mitteleuropa gelaufen.

UNSER TIPP

Die Ausstellung im WildparkHaus in Neuhaus hat Sonja gut gefallen. »Ich habe richtig viel gelernt über die Tiere und den Wald«, meint sie. »Und das Haus sieht einfach auch chic aus.«

Ein kleiner Abstecher zum nördlichen Aussichtsturm lohnt sich auf jeden Fall. Da habt ihr einen prima Überblick. Und es gibt noch einen zweiten nahe am Flüsschen. Der liegt auf dem acht Kilometer langen Rundweg. Zudem findet ihr einen Spielplatz samt Grillhütte, wenn ihr wieder zurück seid, nahe am Carolinenteich.

Ihr könnt anschließend das Mittelalterhaus von außen betrachten, denn früher gab es hier eine riesige Stadt. Und ein weiterer Tipp (s. Tipp): Fahrt danach noch zum Wildpark in Neuhaus. Es liegt nur ein paar Kilometer nördlich von Nienover und ergänzt sich bestens zu eurem Besuch hier.

« Kleine Parade der Exmoorponys. Sie sind robust und hübsch anzuschauen.

81 Jump XL Braunschweig
Voll auf Ninja Course

So viele Möglichkeiten zum Springen und (weichen) Landen habt ihr sonst nirgends. Ihr müsst nur fit sein und euch an die Regeln halten, dann sind euch hier kaum noch Grenzen gesetzt. Fast wie ein Ninja-Kämpfer bewältigt ihr spielend den Parcours.

Zum Springen braucht ihr Jump-Socken – und dann geht es los. In der Arena könnt ihr Saltos und Flickflack üben – Freejumping heißt das ganz modern. Wenn ihr mutig seid, macht ihr die Saltos vom vier Meter hohen Jump Tower auf ein riesiges Luftkissen. Oder lauft auf eine Mauer und bleibt oben stehen – das ist die Walk Wall und gerade sehr gefragt. Wenn ihr eine Gruppe seid, probiert mal Dodgeball zu spielen, eine Art Völkerball. Zwei Teams treten gegeneinander an. Beim Battle Beam wiederum habt ihr lange Rollen in der Hand und kämpft gegeneinander. Ganz cool wird es aber auf dem Ninja Course. Da braucht ihr Kraft und Geschicklichkeit, sonst schafft ihr es nicht, über die komplexen Hindernisse zu laufen. Keine Angst, überall fallt ihr ganz weich. Tja, Ninja zu sein, das hat schon was! Vielleicht braucht ihr auch ein paar gute »Radschläge«? Dazu gibt es die Tumbling Lane. Da zeigt ihr, wie ihr den Körper beherrscht, denn gefragt ist eine Kombination aus Flickflack, Salto und Schraube mit sicherer Landung.

Das Springen ist sehr sicher in diesem Trampolinpark. Doch schaut euch immer zuerst das Anleitungsvideo an und folgt den Tipps des Personals unbedingt. Ihr müsst auch eine Erklärung unterschreiben, dass ihr euch an die Spielregeln haltet, die da lauten: Ihr springt nur, wenn ihr gesund seid und euch auch so fühlt. Nie darf mehr als eine Person auf ein Trampolin. Ihr springt und landet immer mit zwei Beinen, leicht spreizen, etwas in die Knie gehen und die Arme nach vorn strecken. Und Stunts führt ihr nur aus, wenn wirklich genug Platz dazu da ist. Dann macht es erst richtig Spaß.

Wer gerne springt, ist hier nicht mehr heraus zu bekommen. 〉〉

Anfahrt A 2 Braunschweig, A 391 nach Norden, Bienrode, dann Ausfahrt Wendener Str., Wendebrück
Adresse Jump XL Braunschweig, Wendebrück 20, 38110 Braunschweig, Tel. 0 53 07/9 80 78 90, www.jump-xl.com
Öffnungszeiten Jumping Session Mo–Fr 13–19, Sa 10–20, So 11–20; Trampolin So 10–11 Uhr
Preise 12,50 €/Std., Jumpsocken 2,50 €
Barrierefrei Ja

Anfahrt A 2, A 39 bis Wolfsburg, Heinrich-Nordhoff-Str., Tiefgarage
Adresse phaeno Wolfsburg, Willy-Brandt-Platz 1 (Navi: An der Vorburg 1), 38440 Wolfsburg, Tel. 05361/89 01 00, www.phaeno.de
Öffnungszeiten Schulferien tgl. 10–18, sonst Di–Fr 9–17, Sa/So 10–18 Uhr
Preise Kinder 6–17 Jahre 9 €, Erwachsene 14 €
Barrierefrei Ja

phaeno Wolfsburg
Fragen lernen
82

Viel wichtiger als Antworten sind die richtigen Fragen, das ist gleich mal die erste Erkenntnis. Doch nicht die einzige: Denn jede/-r, die/der die phaeno Wolfsburg besucht, geht schlauer wieder hinaus, so viel ist sicher – und kommt vielen Geheimnissen dieser Welt auf die Spur.

Neugierige Forscher aufgepasst: Im futuristischen Bau am Mittellandkanal – gleich gegenüber der AutoStadt Wolfsburg – könnt ihr euch auf eine spannende und faszinierende Abenteuerreise begeben und Rätsel über Rätsel entschlüsseln. Denn es geht um nicht weniger als »Die Welt der Phänomene«. Über 350 stehen zur Auswahl. Ihr lauft am besten die Stationen an, die euch reizen. Ob es ums Hören geht, den Flaschenzug, Chaos und Ordnung, tanzende Magnetigel oder die perfekte Welle, ihr schaut, was vor euren Augen passiert. Das dürfte für einen Tag reichen, oder?

UNSER TIPP

Antonia ist im Allerpark zum ersten Mal eine Runde Wasserski gefahren. »Das ist so cool, das könnte ich gleich noch mal machen«, behauptet sie. »Wir sind dann aber zum DiscGolf an den Allersee gefahren. War auch klasse!«

Übrigens: Zehn Prozent der Exponate sind von international bekannten Künstlern eigens für das phaeno entworfen worden und schmücken die Ausstellung. Sie alle haben mit Wissenschaft zu tun und führen euer Denken auf neue Bahnen. Schaut genau hin, es lohnt sich.

Die Wissenschaftsshow für die Jahrgangsstufen fünf bis zehn lässt Luftballons knallen und auch ein ungewöhnlicher Staubsauger spielt eine Rolle. Bucht euch ein. Es kostet einen Euro extra und dauert 35 Minuten. Workshops dauern eine Stunde und kosten zwei Euro extra. Einmal im Monat, an einem Freitag, ist Oma-Opa-Enkelzeit. Ihr tüftelt und bastelt gemeinsam mit euren Großeltern. Zum Beispiel könnt ihr mit je einer Hand an einer Kurbel drehen, womit ihr ein Brett und einen Stift steuert. Und nun malt mal so eine Acht ... gar nicht so einfach, oder?

« Ganz schön schräg! Im phaeno stößt man auf verblüffende Dinge.

83 Tierpark Essehof
Tierisches Erlebnis

Nordöstlich von Braunschweig warten im Wald wilde und nicht ganz so wilde Tiere auf euch. Der schattige Rundgang zu Esel und Emu, Mantelpavian und Strauß ist ein Genuss für Kinder und Erwachsene. Hilfreich ist das hübsche Entdeckerheft mit passenden Erläuterungen.

Seit seiner Eröffnung im Jahr 1958 hat sich der Park ständig modernisiert. Mal kam der Zebrastall hinzu, mal das Affenhaus, dann die Australienanlage. Heute erfreut der zehn Hektar große Park mit dichtem Baumbestand und seltenen Haus- und Wildtieren die Herzen der Besucher/-innen.

Wer möchte, kann frische, klein geschnittene Mohrrüben im Leinenbeutel oder in einer Plastikdose (kein Plastikbeutel!) mitbringen. Es gibt aber auch Futtertüten zu kaufen. Auf keinen Fall dürft ihr aber Blätter, Äste oder Blüten verfüttern, denn manche davon sind für die Tiere giftig. Mehrmals am Tag laufen Schaufütterungen.

Neben den oben genannten Tieren gibt es Kamele, Stinktiere und Stachelschweine, man hört Sittiche krächzen und Alpakas recken ihre Hälse. Die Kapuzineräffchen bewohnen eine kleine Insel, die Flamingos stehen natürlich – artgerecht – im Wasser. Und auch das Bienenhaus ist einen Blick wert. An der Kasse gibt es die wertvollen Entdeckerhefte für 3,50 Euro. Es wurde mit Studierenden der Technischen Universität Braunschweig für Kinder entwickelt und informiert erstklassig über die Tiere im Essehof. Auch Tierpatenschaften können übernommen werden.

Der im Sommer wunderbar schattige Rundgang lohnt sich, um sich einen Überblick zu verschaffen. Danach möchtet ihr vielleicht erst einmal zum Picknickplatz oder zum Spielplatz. Für die Eltern interessant: Es gibt ein Haus mit Wickelraum, Babynahrung kann in der Mikrowelle erwärmt werden und Bollerwagen sind auszuleihen. Danach könnt ihr euch noch den Gewässerlehrpfad näher anschauen. So wird der Besuch zu einem Tagesausflug mit Picknick und viel Zeit zum Spielen in herrlicher Umgebung.

Der neugierige Strauß beobachtet euch genau. ❯❯

Anfahrt A 2 bis Ausfahrt Lehre, Wendhausen, rechts nach Essehof, ausgeschildert
Adresse Tierpark Essehof, Am Tierpark 3, 38165 Lehre-Essehof, Tel. 05309/88 62, www.tierpark-essehof.de
Termine März–Okt. tgl. 9–19, Nov.–Feb. 10–17 Uhr
Preise Kinder 2–16 Jahre 5 €, Erwachsene 7 €
Barrierefrei Ja

84 Takka-Tukka Abenteuerland
Fröhliche Runden

Ob Hüpfburg, Bobby-Car oder Wabbelberg, hier, im Gifhorner Abenteuerland, macht einfach alles Spaß. Vergesst im Sommer nicht, die Badesachen einzupacken, denn draußen gibt es die Rollenrutsche und viel Platz zum Matschen. Und nebenan wartet die Soccerwelt.

Klettern, feiern, laut sein – alles ist erlaubt in diesem großen Indoor-Land in der Südheide. Lasst euch spaßeshalber vom Dschungellöwen verschlucken – in der großen Hüpfburg … na klar, er spuckt euch wieder aus. Schult euer Gleichgewicht auf dem Wabbelberg, probiert Trampoline und Kletterwand aus oder dreht fröhliche Runden auf der Mini-Kartbahn und beim Bobby-Car-Rennen. Auch Airhockey, Kicker und Torwandschießen solltet ihr nicht auslassen. Darüber hinaus gibt es ruhige Spielecken, Spielesammlungen und Massagesessel. Ihr dürft Speisen und Getränke mitbringen – für die Stärkung zwischendurch. Oder ihr geht dazu in die Takka-Box im Haus.

Außen geht es im Sommer dann weiter mit Matschbecken, Streichelzoo und Rollenrutsche. Wie wunderbar und am besten gleich mit Badesachen. Dann müsst ihr nicht nass nach Hause fahren.

Zu gewissen Öffnungszeiten wird sogar eine Kids-Night mit Übernachtungsparty angeboten. Geschlafen wird auf Matten in mitgebrachten Schlafsäcken. Ihr müsst mindestens fünf Jahre alt sein und euch unbedingt vorher anmelden! Und gleich nebenan läuft noch Freizeitfußball in der Soccerwelt.

Anfahrt B 4 (Harz-Heide-Str.) bis Gifhorn, Eyßelheideweg, östlich vom Waldsee
Adresse Takka-Tukka Abenteuerland, Im Heidland 13, 38518 Gifhorn,
Tel. 05371/743 17 10,
www.gifhorn.takka-tukka.com
Öffnungszeiten Schulferien tgl. 11–19, sonst Mo–Fr 14–19, Sa/So 11–19 Uhr
Preise Kinder 1–3 Jahre 5,90 €, ab 4 Jahren 7,90 €, Erwachsene 4,90 €; Di 1 € Ermäßigung, ab 17.30 Uhr halber Preis
Barrierefrei Ja

Bauernhof Böckelse
Mit Alpakas

Zwischen Wienhausen und Meinersen bei Gifhorn in der Südheide geht es am Samstag zum Frühstücken auf den Bauernhof. Unbedingt vorher anmelden! Der Hit aber ist der Ausflug mit einem Alpaka an der Leine, quer durch das Dorfidyll in die freie Landschaft. Welch fast schon tierisches Glücksgefühl!

Es ist einfach unglaublich, wie flauschig das Fell der Alpakas ist. Sie kommen aus den Anden Südamerikas, fühlen sich aber auch hier wohl. Sie haben ein dickes Fell, sind weiß, gucken drollig und sind echte Gemütstiere. Deshalb könnt ihr auch problemlos mit ihnen spazieren gehen. Das wird hier nämlich angeboten, und ihr solltet – immer zu zweit – diese Chance nutzen. Außerdem ist es rund um Böckelse so hübsch ländlich, dass ihr allein schon daran eure Freude haben werdet. Nur Hunde dürfen nicht mit, da Alpakas davor scheuen.

Doch auch dieses Frühstücksbüfett, jeden Samstag 9–11.30 Uhr, mit regionalen Köstlichkeiten ist sehr empfehlenswert. Im einstigen Schweinestall hat die Familie ein Bauerncafé eingerichtet. Reservieren ist Pflicht, denn die Plätze sind begehrt. Mit Kaffee, Tee und Orangensaft (satt) kostet es 14,50 Euro pro Person. Für Kinder wird pro Lebensjahr ein Euro berechnet.

Es kann der Beginn einer wunderbaren Landpartie in Nähe der Allerniederung sein. Müden und Wienhausen sowie Meinersen und Gifhorn sind nicht weit, sodass sich Radtouren oder Ausflüge zu den Sehenswürdigkeiten der Umgebung anbieten.

Anfahrt B 188/Richtung Gifhorn, hinter Hardesse links nach Päse, weiter bis Böckelse

Adresse Bauernhof Café Buchholz, Unter den Eichen 6, 38536 Böckelse, Tel. 05082/434, www.bauernhof-cafe-buchholz.de

Öffnungszeiten Sa 9–12 und 14–18, So 12–18 Uhr

Preise Alpaka-Wandern 20 €/Std./2 Personen, 30 €/2 Std.

Barrierefrei Ja

Anfahrt Am Großen Moor nördlich zwischen Gifhorn und Wolfsburg liegt Sassenburg, Stüde, Grußendorfer Str., am Elbe-Seitenkanal

Adresse Bernsteinsee, Bernsteinseeallee 1, 38524 Sassenburg-Stüde, Tel. 05379/98 00 80, www.bernsteinsee-erlebniswelt.de
Öffnungszeiten See frei zugänglich, alle Angebote siehe Internet
Preise siehe Internet
Barrierefrei Ja

Bernsteinsee Erlebniswelt
Action bitte!

In Stüde am Elbe-Seitenkanal liegt ein zauberhafter See. Dort könnt ihr von Wasserski über Bubblesoccer bis Adventure-Golf viel ausprobieren. Auch zum Baden und Schwimmen ist der See natürlich da, und wenn ihr länger bleiben wollt, sind die Strandbungalows der Hit.

Ihr wollt Action? Dann rauf aufs Wakeboard oder die Wasserski und los! 684 Meter lang ist die Rixen-Seilbahn. Unterwegs könnt ihr Sprünge und Tricks machen. Oder ihr nutzt zum Üben eine kleinere Anlage. Hier oder da – das Wasser spritzt auf jeden Fall. Wer es ruhiger mag, nimmt sich die Stehpaddel-Boards. Und richtig cool geht es zu beim Bubblesoccer. Ihr habt riesige Luftblasen in durchsichtigem Plastik um den Oberkörper und kugelt euch ... auch vor Lachen.

Ihr wollt neue Action? Dann ab zur Adventure-Golf-Anlage. Da haben sich die Planer wirklich etwas Besonderes ausgedacht. Ob ihr alle Löcher gleich findet, die ihr ansteuern sollt? Indoor Kart ist eine weitere Station – zwei schnelle Bahnen in der Halle stehen euch offen. Wie wäre es mit Bogenschießen, und zwar auf Tierattrappen? Oder habt ihr schon einmal die ElektroWheels ausprobiert? Das sind Stehroller mit Akku auf zwei Rädern – ganz neu und sicherlich einen Versuch wert. Fußballgolf ist ebenfalls vorhanden – das kennt ihr vielleicht schon. Und die Reitanlage ist auch nicht weit. Wer Drahtesel bevorzugt, kann sich einen leihen und sich auf eine kleine Radtour (vielleicht mit Anhänger) nach Gifhorn und zurück begeben. Und der Bernsteinsee selbst? Bademöglichkeiten satt, Restaurant, Hotelanlage, Strandbungalow mit Strandkorb, Blockhäuser, Ferienwohnungen – alles ist da für den Kurzurlaub.

UNSER TIPP

Jonathan hat sich in Grußendorf das Zweiradmuseum angesehen (Birkenweg 18). »Ein paar Fahrräder und Roller waren so richtig alt! Und auch Motorräder waren zu sehen«, berichtet er. »Ich weiß nicht, ob ich damit fahren könnte.«

« Südseefeeling nahe bei Wolfsburg – was man da alles machen kann!

Festhalten, winken, lächeln – in diesem Abschnitt erlebt ihr eine Berg- und- Talfahrt der Gefühle mit Fußballgolf, Irrgarten und Schlössern.

⌃ Im Märchenwald Ibbenbüren gehts mit viel Schwung durch den Park!

Das Emsland und der Westen

87 Freilichtspiele Bad Bentheim
Mit Wanderung

Vor dieser einmalig schönen Kulisse mit Sandsteinbruch, Wald und Wasser wird jedes Theaterstück ein Renner. Ihr habt besten Blick von allen Plätzen der überdachten Freilichtbühne. Und danach bietet sich der riesige (Ur-)Wald für einen Erkundungsspaziergang an.

»Peter Pan« wohnt mit einigen Kindern im Nimmerland und wird niemals erwachsen. Auch die Fee Tinker Bell ist dabei. Und das Krokodil, das die Uhr verschluckt hat, taucht natürlich auch auf … Das Stück läuft auf der großen Freilichtbühne in Bad Bentheim. Es ist ein tolles Erlebnis, dort im Wald, bei frischer Luft, den Abenteuern auf der Bühne zuzuschauen. Dabei ist das inzwischen modernisierte Theater ganz schön alt. Schon 1925 ging hier das erste Stück über die Bühne. Heute habt ihr 25 Sitzreihen zur Auswahl. Der Blick auf die Bühne ist großartig. Es ist eine natürliche Kulisse mit einem alten Steinbruch, vielen hohen Bäumen, einem See mit Brücke sowie Mauerresten. Man fühlt sich sofort wohl, sobald man Platz genommen hat.

Übrigens können euch eure Eltern vielleicht von der Geschichte des Sandsteins erzählen, der hier und an ungefähr 20 weiteren Orten der Umgebung abgebaut wurde. Es war das sogenannte »braune Gold«, das über lange Zeit den Wohlstand der Region sicherte. Ins benachbarte Holland, ins Rheinland und sogar bis Skandinavien wurden die Sandsteinblöcke verkauft. Kirchen, Rathäuser und Brückenpfeiler wurden aus Bentheimer Sandstein – einem Qualitätsprodukt – gebaut.

Wenn ihr danach etwas Bewegung braucht, nördlich findet ihr den Walderlebnispfad (Am Bade).

UNSER TIPP

Ben war mit seinen Eltern auf dem Bentheimer Sandsteinweg Rad fahren – und zwar 35 Kilometer! »Das ich das geschafft habe! Es war total klasse. Wir kamen auch am Walderlebnispfad vorbei. Echt toll!«

Wer weiß mehr? Theater macht hier einfach Spaß. »

Anfahrt A 30, Schüttorf, Ausfahrt 4, Bentheimer Str./Richtung Schlosspark Bad Bentheim, links im Wald

Adresse Freilichtspiele Bad Bentheim, An der Freilichtbühne; Büro: Schloßstr. 18, 48455 Bad Bentheim, Tel. 05922/99 46 56, www.freilichtspiele-badbentheim.de

Öffnungszeiten Aufführungen siehe Internet; Büro: Mo/Di, Do/Fr 8.30–12.30, Mi 14–18 Uhr

Preise Kinder 5,50 €, Jugendliche bis 17 Jahre 6,50 €, Erwachsene 9 €

Barrierefrei Ja

Anfahrt A 30 bis Nordhorn/Bad Bentheim, B 403, Umgeh./Richtung Lingen/Nordhorn Zentr., ausgeschildert
Adresse Tierpark Nordhorn, Heseper Weg 140 (Navi: Heseper Weg 110), 48531 Nordhorn, Tel. 05921/71 20 00, www.tierpark-nordhorn.de
Öffnungszeiten März-Okt. tgl. 9–19, Nov., Feb. 9–18, Dez./Jan. 9–17 Uhr
Preise Kinder 4–16 Jahre 5,50 €, Erwachsene 9,50 €
Barrierefrei Ja

Tierpark Nordhorn
Regional und international

Von der Savanne Afrikas bis zu einheimischen Enten, von der Küstenvoliere bis zum Amphibien- und Reptilienhaus ist hier alles da – sogar Zweifinger-Faultiere. Kennt ihr die schon? Und auch das Bauernhofleben am historischen Vechtehof ist ein Erlebnis!

Gut 2.000 Tiere leben im Tierpark Nordhorn. Um sich einen kleinen Plan zu machen, ist es sinnvoll, wenn ihr zunächst auf die Info mit den Fütterungszeiten schaut. Wann sind die Schimpansen dran, wann die Gänsegeier? Schließlich macht es fast am meisten Spaß, den Tieren beim Fressen zuzusehen. Und auch ein Blick in den Kalender mit den Veranstaltungen lohnt sich vor dem Besuch im Tierpark. Wann kommt der Falkner vorbei, wann findet das Sommerfest statt und wann ist die Stofftierklinik im Haus? Das heißt: Kuscheltiere beim Zooarzt.

Beim Rundgang zu den Tieren gibt es viel zu entdecken: Stachelschweine und Seehunde, Totenkopfaffen und Uhus, die einmalige Südamerikaanlage. Auch die Präriehundkolonie, Wölfe oder die gefiederten Australier sind absolut sehenswert. Und natürlich die Streichelzoos am Spielplatz und am Vechtehof. Letzterer ist als historischer Bauernhof in Betrieb, der von Schaubauer Hinnerk bewirtschaftet wird. Zusätzlich ist Tante Lisbeth an einigen Tagen (siehe Homepage) da, wäscht, bügelt, strickt und wuselt auf dem Hof herum. Und das »Swatbunte«, ein Buntes Bentheimer Schwein.

Schlechtes Wetter? Kein Problem. Dann könnt ihr euch im Indoor-Bereich »Max Abenteuerland« tummeln. Neben der Cafeteria und dem Streichelzoo gibt es zudem noch den großen Erlebnisspielplatz.

Wer seine Lieblingstiere einmal ganz hautnah erleben und streicheln möchte, bucht am besten ein Gesamtpaket mit zwei Übernachtungen und Frühstück im historischen Gasthaus »De MalleJan« im Tierpark. Viel Wert legt der Park übrigens auf den Artenschutz. Als anerkannter Archepark setzt er sich für den Erhalt der Rassen ein. … das Swatbunte und das Bentheimer Landschaf wird's freuen.

. . . .

《 Ach, wie niedlich! Ihr erfahrt alles, was euch in den Sinn kommt.

89 Fußballgolf Vechta
Wie geschickt seid ihr?

Als Schläger dient euer eigener Fuß und der Ball natürlich ein Fußball. Bei dieser Art von Golf ist der Spaß praktisch schon eingebaut. Ihr zieht mit dem Bollerwagen von Abschlag zu Abschlag und gebt euer Bestes. Die Fläche ist gut zu überblicken – auch von den Zusehern.

Die 18 Bahnen können nacheinander bespielt werden. Das Ziel: Mit möglichst wenigen Schlägen – oder hier vielleicht besser: Tritten mit dem quer gestellten Fuß – den Fußball in ein Loch oder Netz spielen. Das verlangt natürlich Geschicklichkeit. Der Spaß vergrößert sich noch, weil ihr auf dem großen, weiten, grünen Gelände den anderen problemlos zusehen könnt. Vom Abschlag aus könnt ihr das grüne Fähnchen mit der schwarzen Nummer im Green gut erkennen. Natürlich gibt es auch ein paar Schikanen und Tricks, die zu überwinden sind. Ein Plan an jedem Abschlag gibt euch eine ungefähre Vorstellung, wohin der Ball eigentlich rollen sollte. Den Bollerwagen mit Getränken habt ihr hoffentlich dabei – die werdet ihr nämlich brauchen. Und danach vielleicht eine Mahlzeit im Restaurant.

Eine Runde mit fünf Teilnehmern dauert etwa zwei Stunden. Besagte Bollerwagen stehen gratis bereit, die Getränke müssen allerdings dort gekauft werden, eigene mitzunehmen ist verboten. Fußballgolf ist seit ein paar Jahren schon modern. Es ist unterhaltsam, und man braucht keine teure Ausrüstung. Na dann: Schönes Spiel!

Anfahrt A 1, Vechta, B 69, im südlichen Teil Vechtas
Adresse Fußballgolf, Lohner Str. 34, 49419 Vechta, Tel. 04441/91 94 22, www.fussballgolf-vechta.de

Öffnungszeiten Schulferien Di–So ab 15, März–Nov. Sa ab 13, So ab 14, Do ab 15.30, Fr ab 14 Uhr jeweils bis zur Dämmerung
Preise Kinder 5–17 Jahre 7 €, Erwachsene 10 €
Barrierefrei Ja

Molli Bär Spielpark
Innen und außen perfekt

Innen Wasserlandschaft mit Tretbooten und ulkiges Spieldorf, außen Wasserspaß mit Beachvolleyball und Piratenburg: Der Molli Bär Spielpark ist das reinste Kletter- und Hüpfparadies. Und dann gibt es hier noch etwas ganz Besonderes …

Insgesamt stehen euch hier in Molbergen zwei Hallen zur Verfügung. Ausgestattet sind sie zum Beispiel mit Wabbelberg und Tischtennis oder einer Eventbühne mit Kinderdisco und Karaoke – hier ist allerhöchster Spaßfaktor angesagt. Auf der Bühne groß rauskommen – wer möchte das nicht? Schön sind auch die Molli-Bär-Höhlen. Da könnt ihr euch hinsetzen oder verstecken. Es gibt den Kleinkindbereich, Minigolf, Kartbahn, Kickertische, Trampolin und ein famoses Spieldorf. Des Weiteren wartet die Wasserlandschaft mit Tretbooten auf euch. Es ist herrlich und immer ein Riesenspaß, mit den Schiffen durch die Höhlen zu fahren. Wenn ihr wollt, dürft ihr euch auch schminken. In der Halle findet ihr alles Nötige dazu. Und außen stehen ein Beachvolleyballfeld und Strandkörbe bereit. Wart ihr schon im Power-Paddler-Becken? Auch Schach mit Riesenfiguren könnt ihr spielen oder die Piratenburg erkunden sowie auf dem Trampolin hüpfen. DER Hit sind aber die großen, durchsichtigen Kugeln, in denen ihr über das Wasser gehen könnt. Einfach mal ausprobieren! Das habt ihr bestimmt noch nie erlebt. Hier habt ihr auf jeden Fall das passende Angebot.

Anfahrt A 1, B 72, Cloppenburg, Molbergen, Cloppenburger Str., dann links
Adresse Molli Bär Spielpark, Industriering 2, 49696 Molbergen, Tel. 04475/94 15 15, www.molli-baer.de

Öffnungszeiten Schulferien tgl. 10-19, sonst Mo-Do 14.30-19, Fr 14-19, Sa/So 10-19 Uhr
Preise Kinder 2-17 Jahre 7,50 €, Erwachsene 5 €, ab 17 Uhr Ermäßigung
Barrierefrei Bedingt

91 Zoo Osnabrück
Highlights satt

Habt ihr schon mal einen unterirdischen Zoo erlebt? Hier könnt ihr das. Oder kennt ihr den Giraffenspielplatz? Hier gibt es einen. Und außerdem gut 2.200 Tiere, über die ihr viel erfahren werdet. Am besten hinfahren und eintauchen in die Vielfalt der Tierwelten!

UNSER TIPP

Jeanette war mit ihren Eltern am Alfsee im Urlaub. »Dort ist es super«, meint sie, »wir haben in einem Germanenhaus aus Holz mit Betten unterm Dach übernachtet. Direkt am See.«

Wer sich vorher den Lageplan anschaut oder – noch besser – aus dem Internet herunterlädt, findet schneller zu den Themenwelten und somit den idealen Wegeverlauf für seine Tour, denn es gibt viel zu erkunden: Löwen, Flamingos, Seelöwen und Pinselohrschweine warten auf euch, ein besonderes Südamerikahaus mit Tapiren und Faultieren oder eine tolle Elefantenanlage, die von der großen Holzplattform aus besonders gut einsehbar ist. Auch das Safari-Camp mit Blick auf Giraffen, Strauße und Große Kudus ist imposant. Es gibt sogar ein Giraffenhaus und natürlich einen Giraffenspielplatz – nicht für die Tiere, sondern für euch.

Auf keinen Fall verpassen solltet ihr den unterirdischen Zoo mit dem Drei-Seiten-Kino. Da könnt ihr den Tieren aus der Nähe zuschauen und habt wunderbare Einblicke. Und gleich noch ein Tipp: Auf der Geburtenliste (Internetseite des Zoos) seht ihr, wo die jüngsten Stars des Zoos wohnen, denn gerade junge Tiere anzuschauen ist immer niedlich. Genauso sind die Fütterungszeiten wichtig. Da erlebt ihr die Tiere ebenfalls ganz aus der Nähe.

Falls ihr als Gruppe kommt, könnt ihr euch in der Zooschule anmelden. Da gibt es 90 Minuten lang Erlebnisse und Erklärungen zu ganz verschiedenen Themen – etwa zur Sprache der Tiere. Oder ihr schaut euch die Veranstaltungen an: Vom Rudelsingen über das Mittelalter Spectaculum bis zu Comedy Night ist alles da.

... und dann tierisch klettern, das macht Freude beim Zoobesuch. »

Anfahrt Auto: A 2, A 30, Ausfahrt 18, Osnabrück-Nahne, B 68, Am Schölerberg; öffentlich: Bus 21 ab Hbf.
Adresse Zoo Osnabrück, Klaus-Strick-Weg 12, 49082 Osnabrück, Tel. 0541/95 10 50, www.zoo-osnabrueck.de
Öffnungszeiten April–Okt. tgl. 8–18.30, Nov.–März 9–17 Uhr
Preise Kinder 3–6 Jahre 13,50 € (Winter 9 €), 7–16 Jahre 16,50 € (12 €), Erwachsene 23,50 € (19 €)
Barrierefrei Überwiegend, E-Rollis kostenlos

Anfahrt A 2, A30, Ausfahrt 11B/Richtung Emsdetten, südlich, Münsterstr.
Adresse Sommerrodelbahn Ibbenbüren, Münsterstr. 265, 49479 Ibbenbüren,
Tel. 05451/32 26,
www.sommerrodelbahn.de
Öffnungszeiten Sommer meist tgl. 10–18 Uhr, genaue Zeiten siehe www.sommerrodelbahn.de
Preise Ab 3 Jahren 4,50 €
Barrierefrei Ja, aber Hanglage

Märchenwald Ibbenbüren
Es war einmal

In einem der ältesten deutschen Märchenwälder könnt ihr auf Knopfdruck Figuren zum Leben erwecken und Neues über Märchen erfahren. Natürlich gibt es auch viel Platz zum Spielen, zum Beispiel auf dem Abenteuerspielplatz.

Seid ihr vielleicht zwischen drei und zehn Jahre alt? Dann ist der Märchenwald Ibbenbüren genau das Richtige für euch. Denn elf Grimm'sche Märchen warten nur darauf, zum Leben erweckt zu werden. Ihr drückt auf einen Knopf, und schon beginnt eine Prinzessin zu tanzen. Es gibt schräge Häuschen, in denen manche Märchenfiguren wohnen, oder Grotten, voll mit Geheimnissen, die ihr entdecken könnt. Etwa eine Stunde braucht ihr für eure fantastische Reise zu Hexen und Prinzen, sprechenden Tieren und Königinnen, Schlössern und Burgen.

UNSER TIPP

Winnie war im Sommer auf echten Holzschlitten unterwegs –, und zwar nebenan auf der 100 Meter langen Sommerrodelbahn, der ältesten in Deutschland. »Bauchkitzeln hatte ich schon dabei«, meint sie begeistert.

Danach geht es zum großen Spielplatz. Wer möchte, kann dort erst mal sein Picknick auspacken, rasten und spielen, was für eine schöne Abwechslung. Und wenn ihr gerne rätselt, könnt ihr auch noch mit einem Ratespiel beginnen. Erinnert ihr euch an die Märchen, die ihr gerade erlebt habt? Dann könnt ihr die Fragen sicher gut beantworten – wenn nicht, müsst ihr noch einmal kurz zurück und nachschauen. Am besten, ihr druckt euch schon vor eurem Besuch die Quizfragen (Internet) aus, dann kann es gleich losgehen: Welche Farben hatten die Mützen der sieben Zwerge? Und wie viele Rehe halten sich im Märchenwald versteckt? Zum Abschluss gibt's noch eine kleine Weltreise – fünf Minuten und per Karussell: Für zwei Euro könnt ihr ganz entspannt den Ägyptern beim Bau ihrer Pyramiden zusehen, in China das Neujahrsfest feiern oder mit den Indianern jagen gehen. Ihr werdet überrascht sein.

« Wo aber wohnt die Königin? Ihr werdet es herausfinden!

93 Erlebnisland Irrgarten Alfsee
Findet den Weg!

Von der Brücke in der Mitte des Labyrinths könnt ihr den anderen zusehen, wie sie den Weg suchen im größten Irrgarten Deutschlands. Wieder unten, müsst ihr selber weitersuchen … Doch ich bin sicher: Ihr werdet den Ausgang finden!

Das Erlebnisland Irrgarten Alfsee liegt nördlich von Osnabrück und östlich vom Alfsee und ist 3.000 Quadratmeter groß. Da den richtigen Weg zu suchen, macht richtig viel Spaß. Also hinein in die Gänge aus Hecken! Das dauert etwas, klar, aber dazu seid ihr schließlich in einem großen Labyrinth gelandet. Wenn ihr erst die Brücke erreicht habt, könnt ihr von oben schauen, anderen zusehen – das ist meist das Lustigste – und euch orientieren. Und wenn ihr wieder draußen seid, gibt's meist ein fröhliches Hallo.

Anschließend geht es auf dem Gelände locker weiter. Ihr könnt im Stroh toben oder auf einem großen Luftkissen hüpfen, im Sand baggern, im Strandkorb sitzen! Ihr spielt Minigolf auf einem spannenden Untergrund, auf dem sogar der Alfsee aufgemalt ist. Es warten Klettertürme, Iglus und der »wilde Ritt« – rundum also optimale Angebote, um euch zu bewegen und nach Herzenslust zu spielen.

Es ist DIE Freizeitoase in der Nähe des großen Alfsees und wunderbar ländlich – zwischen den Feldern stehen Bauernhöfe. Bei Familie Wübbold auf dem Hof in der Nähe geht es übrigens recht tierisch zu. Dort könnt ihr sogar Meerschweinchen, Ziegen, Katzen und Kaninchen füttern. Es gibt aber auch Tischtennis, Dart, Kicker und Fußball. Und Ferienwohnungen sind dort ebenfalls vorhanden, sodass ihr auch mal länger bleiben könnt. Wenn ihr dort Gast seid, dürft ihr sogar gratis ins Erlebnisland.

> **UNSER TIPP**
>
>
>
> Tobias kommt gerade vom Dubbelausee. »Ich war mit dem Wakeboard unterwegs, voll klasse«, meint er zufrieden. »Nächstes Mal nehme ich die Wasserskier auf Lift eins. Das sind dann 760 Meter Strecke, super.«

Von der Brücke aus gewinnt man den Überblick über die Anlage. ››

Anfahrt Osnabrück, A 1, Horsten, Rieste, L 148, Alte Dorfstr., Heidekamp
Adresse Irrgarten Rieste, Bootshafenstr. 2, 49597 Rieste, Tel. 05464/90 08 92, www.erlebnisland-alfsee.de; in der Nähe: Ferien- und Erlebnishof Wübbold, Burlager Ort 64, www.alfsee-familienurlaub.de
Öffnungszeiten Osterferien bis Mitte Okt., Ferien tgl. 10–19, sonst tgl. 10–18 Uhr
Preise Ab 2 Jahren 5,50 €; kostenlos für Gäste des Ferien- und Erlebnishofs
Barrierefrei Überwiegend

Anfahrt B 6 Nienburg, B 214/Richtung Sulingen, links, Pennigsehl, Kirchdorf, Bahrenborstel, K 40, Hesterberger Str.

Adresse Naturtierpark Ströhen, Tierparkstr. 43, 49419 Ströhen, Tel. 05774/505, www.tierpark-stroehen.de
Öffnungszeiten Tgl. 9–19 Uhr (Winter: bis zur Dämmerung)
Preise Kinder 3–15 Jahre 8 €, Erwachsene 14 €
Barrierefrei Ja

Naturtierpark Ströhen
Mit Pferdeshows

Zwischen Steinhuder Meer und Dümmersee liegt der Naturtierpark Ströhen in einem 200 Hektar großen Gelände. Tierschule und Pferdeshow sind die Highlights. Ihr könnt aber auch das große Gestüt mit Vollblut-Arabern anschauen – für Pferdefans ein großer Genuss.

Auch als bekennender Pferdefan solltet ihr auf keinen Fall den Elefanten-Walk versäumen, deshalb: Googelt im Internet vor eurem Besuch nach dem aktuellen Termin. Es ist einfach lustig, den großen Tieren bei ihrem Spaziergang zuzuschauen. Ansonsten bietet der Naturtierpark Ströhen ein vielfältiges Programm – vom Ponyreiten über die Greifvögelflüge bis zur Tierschule. Diese ist im Eintrittspreis enthalten, dauert 20 Minuten und zeigt euch, wie die Tiertrainer/-innen mit den Tieren arbeiten. Es ist wie in eurer Schule auch: Manche lernen schnell, andere eher langsam. Dazu trägt auch die natürliche Umgebung mit vielen Gewässern bei, wo die 600 Säugetiere und Vögel aus fünf Kontinenten leben. Einen Streichelzoo gibt es ebenfalls für euch sowie den Bereich mit einheimischen Tieren. Dann geht es zu den Exoten in Teil zwei des Parks. Da findet ihr Tiger, Zebras und Dromedare oder Antilopen. Es sind viele wild lebende Tiere aus mehreren Kontinenten da. Da gibt es immer etwas anzusehen. Und für die Rast zwischendurch stehen euch Schinkendeele, Bauernladen, Restaurant, Kaffeegarten und Pavillon zur Verfügung.

Kostenlos mitbesuchen könnt ihr das größte private Arabergestüt Europas. Ställe und Häuser sind in Fachwerk gehalten. Das Gestüt Ismer bietet in der Saison täglich um 15.30 Uhr das Showprogramm »Equonoris – dem Pferd zur Ehre«. Diese zauberhafte Präsentation ist im Eintrittspreis enthalten und vermittelt einen Eindruck darüber, was die Arabischen Hengste, die hier gezüchtet werden, zu bieten haben. Auch Ponys betreten die Showbühne und begeistern das Publikum. Es ist DIE Attraktion in diesem Tierpark und ein unvergessliches Erlebnis.

« Die Kleinen brauchen die Flasche, Kamele einen Zweig.

95 Museumsdorf Cloppenburg
Wie in alter Zeit

Drei Mühlen, eine Kirche, eine Schule sowie rund 50 weitere Gebäude erinnern hier an das Leben und Arbeiten in den vergangenen 500 Jahren. Ob Landarbeiterhaus oder stattliche Hofanlage, ihr werdet staunen, wie der Alltag früher einmal war. Und bekommt viele Impulse zum Mitmachen.

Wie haben unsere Vorfahren gelebt? Was haben sie gekocht? Welche Kleidung haben sie getragen? Und wie sahen ihre Häuser aus? Anworten darauf seht und erlebt ihr hier, im Museumsdorf Cloppenburg, auf 25 Hektar sehr anschaulich. Am besten, ihr holt euch am Eingang das Entdecker-Heft. Darin begleiten euch Jan und Marie zu den Mitmach-Stationen und geben Tipps. Wenn ihr mit Eltern oder Großeltern dort seid, können die sicher noch »von früher« erzählen und ihr erfahrt noch mehr über den Alltag von damals. Auch die Museums-Rallye ist gut ausgedacht – den Fragebogen gibt es an der Kasse.

Schaut zum Beispiel mal in die Bauerschaftsschule aus Renslage von 1751 oder das Doppelheuerhaus vom Hof Vogelsang aus Damme im Kreis Vechta. Es stammt von 1773. Diese vielen Schmuckstücke sind hier zu neuem Leben erweckt worden. Bei der Bockwindmühle aus Essern im Kreis Nienburg mussten 1749 die Mühlenflügel verkürzt werden – um »die Schafe nicht totzuschlagen«. Aber wie funktioniert überhaupt so eine Mühle? Auch das könnt ihr hier sehen.

Bald könnt ihr euch von euren Eltern auch eine typische Landdiskothek zeigen lassen. Das Haus »Zum Sonnenstein« wurde komplett abgebaut und hier im Museumsdorf wiedererrichtet. Darin geht es um die Jugendkultur der 1950er- bis 1980er-Jahre. Da wurden noch Schallplatten aufgelegt, unglaublich, oder? Lasst euch von euren Großeltern mal erzählen, was es mit dem Landleben, Musik und Tanz in ihrer Jugend so auf sich hatte. Vielleicht beim gemeinsamen Essen im Dorfkrug? Übrigens werden auch Backkurse für Kinder angeboten. Na, und einen Spielplatz findet ihr auch auf dem Gelände.

Mit den Händen etwas schaffen, das wird hier vorgeführt. »

Anfahrt Auto: A 1, Ausfahrt Cloppenburg, B 72 bis Ausfahrt Bethen, ausgeschildert; Bahn: kurzer Fußweg vom Bhf. Cloppenburg

Adresse Museumsdorf Cloppenburg, Bether Str. 6, 49661 Cloppenburg, Tel. 04471/948 40, www.museumsdorf.de

Öffnungszeiten März–Okt. tgl. 9–18, Nov.–Feb. 9–16.30 Uhr

Preise Kinder 6–18 Jahre 2,50 €, Erwachsene 7,50 €

Barrierefrei Ja

Anfahrt Von Oldenburg aus westlich auf der B 401 durchs Saterland bis Surwold, links ab auf der Hauptstr. und Börgerstr., rechts in die Waldstr.
Adresse Surwolds Wald, Hauptstr. 87 (Navi: Waldstr. 30), 26902 Surwold, Tel. 04965/91 31 13, www.surwold.de, www.bogenpark-surwold.de
Öffnungszeiten März/April So 10–18, Osterferien tgl. 10–18, Mai, Sept. Mi–Fr 13–18, Sa/So 10–18, Juni–Aug. tgl. 10–18 Uhr
Preise Kinder-Märchenschau: 1,50 €; Sommerrodelbahn: 1,50 €; Kletterwald: 8–15 €; Bogenpark: 5–12 €
Barrierefrei Überwiegend

Surwolds Wald
Mit Bogenschießen

96

Das riesige Erholungsgebiet im nördlichen Emsland bietet alles, was das (Kinder-)Herz begehrt: vom Märchenwald über eine Sommerrodelbahn bis hin zum Kletterwald. Und neuerdings sogar einen 3-D-Bogenpark. Da wird auf 25 lebensgroße Kunststofftiere geschossen.

Das gesamte Erholungsgebiet zwischen dem Hümling und Papenburg liegt teilweise in einem Waldstück. Dazu gehört ein großartiger Kletterwald, wo ihr ein paar Mutproben bestehen könnt. Neben einem Waldhotel befindet sich eine 300 Meter lange Sommerrodelbahn, die bei den Besuchern sehr beliebt ist. Und dann gibt es einen 32 Meter hohen Aussichtsturm. Dessen Zugang kostet für Kinder nichts, der Eintritt im beheizten Freibad nebenan hingegen schon. Der Abenteuerspielplatz hat so seine Finessen und macht allen Kindern riesig Spaß. Auch Autoskooter können sie fahren. Es gibt zudem für die Kleineren einen Märchenwald – Heimat nicht nur von Schneewittchen und den sieben Zwergen.

Zu alledem ist 2019 ein 3-D-Bogenpark gekommen. Der Rundparcours führt durch den Wald, hat 25 Ziele und etwa zehn Stationen. Es wird auf dreidimensionale Tierattrappen geschossen – lebensgroß und aus Kunststoff. Bogen, Pfeile mit Köcher sowie Arm- und Fingerschutz werden gestellt. Auch eine Einführung wird gegeben, und dann geht es los. Wer ein noch älteres Jagdinstrument ausprobieren möchte, kann sich hier sogar ein Blasrohr ausleihen. Konzentriert euch, holt tief Luft – und schon fliegt beim Luft-Hinauspressen der Pfeil ins Ziel. Auch damit geht es zu den etwa zehn Stationen im Wald. Wenn ihr Lust habt, könnt ihr euch mit anderen ein Blasrohr-Match liefern … so viel Puste werdet ihr sicherlich haben. Na dann, gut Schuss!

UNSER TIPP

Ben erzählt aufgeregt vom Batakhaus in Werpeloh. »Echt toll! Das ist ein Pfahlbau aus Indonesien. Ich habe Zaubermittel gesehen und Schattenfiguren. Das war richtig spannend. Da müsst ihr unbedingt hin!«

« Der Kletterwald gehört auch dazu. Echt ein Erlebnis!

97 Schloss Dankern
Wildes Tobeland

Rund um das historische Wasserschloss Dankern rankt sich eine einmalige Spiellandschaft mit mehr als 200 Geräten. Es ist überdacht und kann so bei jedem Wetter genutzt werden. Ein Freibad, Wasserspiele und eine Wasserbobbahn gehören ebenfalls zum Freizeitgelände des Schlosses.

Mittelpunkt der Spiellandschaft ist die rund 25 Meter hohe Burg Arkan. Darin könnt ihr spielerisch die Erfindungen des Mittelalters erforschen, u. a. eine Buchpresse. Verschiedene Handwerke aus dieser Zeit sind im Dorf drumherum jeweils in den Spielhäusern auf zwei Etagen zu sehen. Mit der Achterbahn – also nicht ganz zeitgemäß – geht es hinein in die ritterliche Wettkampfarena. Es gibt einen Kletterberg, einen Seilzug-Tower und das längste Laserlabyrinth der Welt, ihr könnt euch im Rechenquiz messen oder im interaktiven Tanzwettstreit. Auch die Erlebnisburg Drago mit 20 Türmen, Labyrinth und Baumhaus ist ein Hit. Auf den naturnahen Spielplätzen könnt ihr klettern, balancieren, toben und so viele Abenteuer erleben, wie ihr wollt. Die meisten Kinder lieben dort die Affenschaukel ganz besonders.

Mitte Mai wird all das durch das Freibad mit Liegewiese ergänzt. Die Racer-Rutsche dort mit speziellen Rennmatten könnt ihr ab einem Alter von zehn Jahren benutzen – immer zwei Personen treten dabei gegeneinander an. Ab acht Jahren ist zudem das Alleine-Fahren auf der Wasserbobbahn erlaubt. Hier habt ihr drei Rutschen zur Auswahl – und die Steilrutsche ist echt eine Herausforderung! Wow!

Anfahrt A 31, Ausfahrt 19, B 408/ Richtung Haren, Am Tiergarten, Schlossallee
Adresse Schloss Dankern, Dankern 1

(Navi: Rentmeisterstr. 1), 49733 Haren (Ems), Tel. 05932/722 30, www.schloss-dankern.de
Öffnungszeiten März–Okt. tgl. 10–18 Uhr
Preise Kinder 2–14 Jahre 12 €, ab 15 Jahren 14 €
Barrierefrei Ja

Speicherbecken Geeste
Für Spiel und Spaß

Der 180 Hektar große Speichersee nördlich von Lingen im Emsland bietet ein Bündel an unterhaltsamen Freizeitaktivitäten. Ob Beachvolleyball, Surfen oder Segeln, hier ist das alles möglich. Baden am langen Strand gehört natürlich auch dazu.

Mitten in der Nordkurve des Sees liegt ein Strand – rund 850 Meter lang, verleiht er einem fast das Gefühl, am Meer zu sein – wunderbar. Dort lässt es sich herrlich ausspannen, spielen und baden. In der Nähe ist ein Gasthaus mit herrlichen Speisen und Getränken zu finden, und nicht weit entfernt liegt das Jugendhaus mit Schlafräumen für Gruppen. Für nur neun Euro pro Tag lässt sich alles nutzen, wenn man Selbstverpfleger ist. Zelten ist auch möglich, Windsurfen, Segeln und Tauchen am See sowieso. Und an Land tummeln sich Skater auf der Half-Pipe. Wer Lust hat, kann mit dem Rad auf viele ausgeschilderte Touren durch den Naturpark Bourtanger Moor-Bargerveen gehen – bis hinüber ins Nachbarland. Weiter nördlich vom Speichersee liegen Biotopteiche mit seltenen Vogelarten. Wer Spaß daran hat, mit dem Fernglas dort unterwegs zu sein, kommt dort auf seine Kosten. Schön ist auch eine Umrundung des Sees, sei es zu Fuß oder per Fahrrad.

Kurz: Es ist der perfekte Freizeitsee, der rund ums Jahr auch noch einige fetzige Feste im Programm hat. Einem längeren Aufenthalt steht also nichts mehr im Wege. Und das Emsland hat ohnehin viele Attraktionen, die sich leicht von hier aus erreichen lassen.

Anfahrt Osnabrück, Lingen, dann B 70 nördlich bis Geeste und zum See
Adresse Informationsbüro am Geester See, Biener Str. 13a, 49744 Geeste, Tel. 05907/74 45, www.geeste.de, www.jugendhaus-geeste.de
Öffnungszeiten See frei zugänglich; Jugendhaus: Mai–Aug. Di–So 14–16.30, Sept.–April 13.30–16.30 Uhr
Preise Kostenlos
Barrierefrei Ja

99 Schloss Clemenswerth
Alles für Kreative

Ihr wolltet immer schon mal Stoffbeutel mit Moosgummistempeln bedrucken? Endlich könnt ihr es machen, hier, auf Schloss Clemenswerth. Oder schreiben, malen, fotografieren … Zwei Kreativräume bieten viel Raum für eure Ideen. Und das Angebot für Kinder ist riesig.

Die einmalige Kulisse der weitläufigen Schlossanlage Clemenswerth mit Park in Sögel im Emsland ist ein wunderbarer Ort, um richtig kreativ zu werden. Wie wäre es zum Beispiel mit einer Schreibwerkstatt? Da wird mit Federkiel geschrieben, den ihr in ein Tintenfass tauchen müsst. So könnt ihr einzigartige Karten schreiben und euren Freundinnen und Freunden schicken. Vielleicht zeigt sich dabei sogar, welche schöne Handschrift ihr habt … oder langsam bekommt, weil ihr übt?

Dann lädt der Schlossgeist zur Schatzsuche in dem weiten Areal ein. Eure Eltern können gerne mitmachen; so wird die Suche zum Familienspaß. Und es gibt noch mehr: Foto-Coaching zum Beispiel. Dabei lernt ihr von einem Profi, wie man richtig fotografiert. Es gibt auch Rundgänge für Familien durch die aktuelle Bilderausstellung. Denn »Kunst macht Laune«, lautet da das Motto.

Die Schlossanlage ließ übrigens Kurfürst Clemens August als Jagdschloss auf dem Hümmling bauen. Das ist inzwischen fast 300 Jahre her. Um das Schloss herum stehen einzelne Pavillons, die die Namen der Bistümer des Kurfürsten tragen. Im Pavillon Paderborn war die Küche. Es entstand auch eine Schlosskapelle, die ihr besichtigen könnt. Über das historische Areal gibt es öfter Führungen, bei denen euch mehr über die Vergangenheit und einige lustige Anekdoten aus jener Zeit erzählt werden. Auch der Klostergarten ist sehenswert. Da wachsen Kräuter und Gemüse sowie Obst.

Nach diesem Exkurs könnt ihr euch wieder in den Kreativräumen im Pavillon Coellen umschauen. Da laufen viele passende Veranstaltungen für euch. Heute ist vielleicht Porzellanmalen dran – meldet euch am besten vorher an.

Sich verkleiden bringt Spaß. In Holzschuhen gehen – gar nicht einfach! ❯❯

Anfahrt Auto: A 31, Ausfahrt Niederlangen/Lathen/Richtung Sögel; Bahn: bis Meppen oder Lathen, dann Emsland Radexpress

Adresse Schloss Clemenswerth, Clemenswerth 2, 49751 Sögel, Tel. 05952/ 93 23 25, www.clemenswerth.de

Öffnungszeiten März 11–16, April–Okt. 10–18 Uhr

Preise Kinder 3 €, Erwachsene 6 €, Kurse extra

Barrierefrei Ja

Tel. 0162/400 59 50,
www.naturhof-buschwiesen.de
Öffnungszeiten Ganzjährig;
Hofladen: Do 16–18, Sa 14–18 Uhr
Preise Kinder ab 11 Jahren und
Erwachsene 5 € für die Führung
Barrierefrei Bedingt

Anfahrt A 30 bis Rheine, nördlich nach Freren, Wiesenstr.
Adresse Arche Naturhof Freren, Klausenstr. 16, 49832 Freren,

Arche Naturhof Freren
Mit Lamas gehen

Tiere streicheln, ihnen zusehen und die ursprüngliche Atmosphäre eines Bauernhofes mit natürlicher Tierhaltung erleben – das ist immer ein Gewinn für Kinder (und Erwachsene). Hier im Emsland, eingebettet in einer grünen Weidelandschaft, sind sogar Lamas unterwegs.

Den Haustieren nah sein geht hier prima. Die Hofstelle hat ganzjährig geöffnet, aber am schönsten ist es von Frühjahr bis Herbst. Dann ist die Umgebung grün und die Tiere sind alle draußen. Kinder dürfen zu den Hühnern oder in das Ziegengehege gehen und, natürlich DAS Highlight, Lamas führen im umzäunten Grün. Das macht Spaß. Es ist ein ganz besonderes Erlebnis, dieses Tier aus den Anden an der Leine zu haben. Die flauschigen Vierbeiner sind geduldig und sehen obendrein putzig aus.

Das gilt ebenso für den Nachwuchs bei allen Tierarten auf einem Bauernhof. Die kleinen Ferkel oder Ziegen sehen einfach niedlich aus. Erkundigt euch am besten vorher und meldet euch zu einer Führung an. An ein solches Bauernhoferlebnis erinnert ihr euch lange.

Übrigens: Auf dem Naturhof leben zehn bedrohte Nutztierarten – darunter Schwäbisch-Hällische Schweine oder Coburger Fuchsschafe; hier werden sie noch gehalten und können sich vermehren. Die Arche heißt eben nicht nur »Naturhof«, es geht wirklich noch recht natürlich zu. Der Hofladen ist erst zwei Jahre alt und bietet bestes Fleisch. Ihr könnt gern einmal etwas Lamm, Schwein oder Ziege als Salami probieren. Vielleicht nehmen eure Eltern auch für Zuhause noch etwas mit. Auch das erinnert euch später an den Besuch auf dem Naturhof und einen erstklassigen Tag im Freien mit den Tieren.

> **UNSER TIPP**
>
> Henriette hat gerade die Löwenzahn-Entdecker-Pfade im Fullener Wald bei Meppen kennengelernt. »Ich habe Wald-Xylophon gespielt«, erzählt sie stolz. »Und die Tierweitsprunggrube ausprobiert. Ich war so gut wie der Hase.«

« Alle Tiere des Hofes sehen so lustig aus.

Tipps des Antenne-Teams

 Wenn Schietwetter ist, kommt im Hause Kortmann Tellerkunst auf den Tisch. Ich hole einfach raus, was das Gemüsefach hergibt – und dann wird geschnitzt. Aus Radieschen werden Blumen, aus Maiskörnern legen wir eine Sonne und die Zuckerschote sieht aus wie ein Segelboot. So gab es bei uns zum Abendessen schon mal Leuchtturm, Windmühle oder Einhorn. Alles, was ihr dafür braucht, sind ein Teller, ein Messer und ein paar Nahrungsmittel – je bunter, desto besser.

Verena Kortmann, Moderatorin

 Im Moment spielen wir fast jeden Abend »Mensch ärgere Dich nicht!«. Obwohl es bei uns eher »Eltern ärgert euch nicht« heißen müsste, da unsere Tochter fast jeden Abend gewinnt. Außerdem sind wir richtige Experten im »Höhlenbauen«. Zwei Stühle und eine Decke dienen uns als Grundkonstruktion. Dazu kommen eine Taschenlampe, ein CD-Player sowie eine Packung Kekse … und schon vergeht ein Regen-Sonntag wie im Flug.

Stefan Flüech, Content Manager

In unserer Familie sind wir alle große Meer-Fans. Auf Borkum haben wir Salzluft, Watt, Strand und kilometerlange Radwege. Und neben Entspannen im Strandkorb, Planschen im Wasser und Milchreis-Futtern gehört eine Wattwanderung mit Albertus Akkermann jedes Jahr zum Pflichtprogramm. Mit Akkordeon und ganz viel Fachwissen geht es über die Salzwiesen rein ins Watt, wo er die Urlauber schon mal »Queller« probieren lässt, und ein paar Muscheln ausgräbt, die sich sofort wieder ins Watt eingraben. Und wir lernen: Eine Muschel, die sich nicht eingräbt, sei entweder »tot oder doof«!

Verena Kortmann, Moderatorin

Wann immer wir es schaffen, verbringen wir ein paar Stunden im Zoo Hannover. Stundenlang schauen wir den Erdmännchen zu, lachen über die lustigen Affen und bestaunen die Eisbären beim Tauchen. Besonders toll ist auch die Robbenshow im Yukon Stadium. Und im Winter lockt der wunderbare Winter-Zoo mit einer Open-Air Eislaufbahn, einer Rodelbahn, den Kinderkarussells und leckerem Glühwein.

Stefan Flüech, Content Manager

Sehr beliebt ist bei uns der Wakitu-Spielplatz. Mitten in der Eilenriede gelegen, bietet er viele große Abenteuer für kleine Waldwichtel: das Indianerdorf und Kletterschiff erkunden, Wasser pumpen und Matschburgen bauen, schaukeln oder einen Drehwurm auf dem Karussell bekommen – alles ist möglich. Wir Eltern genießen das Pommes-Kaffee-Eis-Angebot am Kiosk und auch eine »richtige« Toilette gibt es hier.

Sabrina Ege, Moderatorin Moin-Show

Das paläon in Schöningen gefällt uns sehr. Vielleicht habt ihr schon mal von den Schöninger Speeren gehört? Die wurden hier in den 1980er- und 90er-Jahren entdeckt und ausgegraben und legten den Grundstein für dieses tolle Erlebnismuseum. Die Kinder reisen etwa 300.000 Jahre durch die Geschichte bis in die Altsteinzeit und treffen die ersten Bewohner Niedersachsens – vom Säbelzahntiger bis zum Ur-Menschen. Es gibt viel zu entdecken, auszuprobieren und zu lernen – ohne dass es sich wie Lernen anfühlt.

Sabrina Ege, Moderatorin Moin-Show

Register nach Rubriken

 Indoor

Aeronauticum 14
Bauernhof Böckelse 159
Bernsteinsee Erlebniswelt 161
Dschungelboot Oldenburg 21
Familienpark Sottrum 129
Filmhof Hoya 82
Filmtierpark Eschede 102
Filzwelt Soltau 114
Hofkäserei Derboven 83
HöhlenErlebnisZentrum 146
Jaderpark 32
Jimmys Spielewelt 128
Jump XL Braunschweig 151
Kids-Dinoworld 130
Klimahaus 70
Kreismuseum Syke 94
KulturKloster Duderstadt 144
Marinemuseum 35
Marionettentheater Dannenberg 106
Miniaturland Leer 62
Molli Bär Spielpark 167
Naturum Göhrde 108
phaeno Wolfsburg 154
Phänomania Carolinensiel 44
Ramsloh Indoor Karting 59
Schloss Clemenswerth 184
Schloss Dankern 182
Sea Life Hannover 116
Seehundstation Norddeich 48
Sturmfrei in Neßmersiel 52
Takka-Tukka Abenteuerland 158
Waloseum Norddeich 49
Wattenmeerhaus 34
Wildpark Lüneburger Heide 10

 Outdoor

Abenteuerlabyrinth Lüneburger Heide 112
Aeronauticum 14
Am Steinhuder Meer 134
Arche Naturhof Freren 186
Barfußpark Egestorf 16
Bauernhof Böckelse 159
Baumwipfelpfad Bad Harzburg 142
Beachclub Nethen 28
Bernsteinsee Erlebniswelt 160
Birgits Tiergarten 50
Deister-Freilicht-Bühne 118
Drachen über Lemwerder 91
Drachenfest in Schillig 43
Draisinen in Rinteln 138
Dschungelboot Oldenburg 21
Eine wilde Schafstour 22
Erlebnisland Irrgarten Alfsee 174
Erse Park Uetze 126
Familienpark Sottrum 129
Filmtierpark Eschede 102
Freilichtspiele Bad Bentheim 164
Friesengolf Hof Iggewarden 65
Fußballgolf Vechta 168
Gartenbahncafé 80
Hofkäserei Derboven 83
Hutewald Neuhaus 150
Jaderpark 32
Kamelfarm 84
Kinderwildnis 74
Kitesurfen in Neuharlingersiel 40
Kletterwald Hatten 30
Kreismuseum Syke 94
LandErlebnis Janßen 58
LandPark Lauenbrück 86
Magic Park Verden 78
Märchenwald Ibbenbüren 172
Marinemuseum 35
Molli Bär Spielpark 169
Moorbahn Burgsittensen 90
Museumsdorf Cloppenburg 178
NaturErlebnisBad Luthe 132
NaturFreibad Landesbergen 96
Naturtierpark Ströhen 177
Naturum Göhrde 108
Nordseekletterpark Borkum 60
North Bound Aurich 54
Otter-Zentrum Hankensbüttel 104
Paddel und Pedal 64
Ponyclub Ohlendorf 12
Sand+WaterWerk Simonswolde 56
Schloss Clemenswerth 184
Schloss Dankern 182
Seehundstation Norddeich 48
Sinnesgarten Freistatt 76
Speicherbecken Geeste 183
Spielpark Wings 18
Störtebeker Park 36
Strandbad Hemmingen 123
SUP Club Stade 20
Surwolds Wald 181
Takka-Tukka Abenteuerland 158
Tier- und Freizeitpark Thüle 26
Tierpark Essehof 156
Tierpark Hardegsen 145
Tierpark Nordhorn 166
TreeTrack Bevensen 111
Tretboot fahren 24
Waldspielplatz Zeven 88
Wangerooge 46
Wassererlebnispfad Gartow 110
Wasserski Blauer See Garbsen 117
Watt-Safari in Bensersiel 42
Wennigser Wasserräder 120
Weserbergland 136
Weserinsel Harriersand 68

Wichtelpfad Sievershausen 148
Wiesendachhaus Laatzen 122
Wild- und Freizeitpark Ostrittrum 92
Wildpark Lüneburger Heide 10
Wildpark Müden 100
Wisentgehege Springe 124
Zoo Osnabrück 170
Zu Krabben und Seehunden 38

Mit Tieren

Arche Naturhof Freren 186
Bauernhof Böckelse 159
Birgits Tiergarten 50
Familienpark Sottrum 129
Filmtierpark Eschede 102
Friesengolf Hof Iggewarden 67
Hofkäserei Derboven 83
Jaderpark 32
Kamelfarm 84
LandErlebnis Janßen 58
LandPark Lauenbrück 86
Magic Park Verden 78
Naturtierpark Ströhen 177
Naturum Göhrde 108
Otter-Zentrum Hankensbüttel 104
Ponyclub Ohlendorf 12
Schloss Dankern 182
Sea Life Hannover 116
Seehundstation Norddeich 48
Tier- und Freizeitpark Thüle 26
Tierpark Hardegsen 145
Wangerooge 46
Wild- und Freizeitpark Ostrittrum 92
Wildpark Lüneburger Heide 10
Wildpark Müden 100
Wisentgehege Springe 124
Zoo Osnabrück 170
Zu Krabben und Seehunden 38

Günstig

Abenteuerlabyrinth Lüneburger Heide 112
Aeronauticum 14
Arche Naturhof Freren 188
Barfußpark Egestorf 16
Bauernhof Böckelse 159
Baumwipfelpfad Bad Harzburg 142
Beachclub Nethen 28
Bernsteinsee Erlebniswelt 160
Birgits Tiergarten 50
Deister-Freilicht-Bühne 118
Drachen über Lemwerder 91
Drachenfest in Schillig 43
Draisinen in Rinteln 138
Dschungelboot Oldenburg 21
Eine wilde Schafstour 22
Erlebnisland Irrgarten Alfsee 174
Erse Park Uetze 126
Familienpark Sottrum 129
Filmhof Hoya 82
Filzwelt Soltau 114
Freilichtspiele Bad Bentheim 164
Friesengolf Hof Iggewarden 66
Fußballgolf Vechta 168
Gartenbahncafé 80
Hofkäserei Derboven 83
HöhlenErlebnisZentrum 146
Hutewald Neuhaus 150
Jaderpark 32
Jump XL Braunschweig 152
Kamelfarm 84
Kids-Dinoworld 130
Kinderwildnis 74
Kletterwald Hatten 30
Klimahaus 70
Kreismuseum Syke 94
LandErlebnis Janßen 58
LandPark Lauenbrück 86
Märchenwald Ibbenbüren 172
Marinemuseum 35
Marionettentheater Dannenberg 106
Miniaturland Leer 62
Molli Bär Spielpark 169
Moorbahn Burgsittensen 90

Museumsdorf Cloppenburg 178
NaturErlebnisBad Luthe 132
NaturFreibad Landesbergen 96
Naturtierpark Ströhen 176
Naturum Göhrde 108
Nordseekletterpark Borkum 60
Otter-Zentrum Hankensbüttel 104
Paddel und Pedal 64
phaeno Wolfsburg 154
Phänomania Carolinensiel 44
Ponyclub Ohlendorf 12
Schloss Clemenswerth 184
Schloss Dankern 182
Seehundstation Norddeich 48
Sinnesgarten Freistatt 76
Speicherbecken Geeste 183
Spielpark Wings 18
Störtebeker Park 36
Strandbad Hemmingen 123
Sturmfrei in Neßmersiel 52
SUP Club Stade 20
Surwolds Wald 180
Takka-Tukka Abenteuerland 158
Tierpark Essehof 156
Tierpark Hardegsen 145
Tierpark Nordhorn 166
TreeTrack Bevensen 111
Tretboot fahren 25
Waldspielplatz Zeven 88
Walosuen Norddeich 49
Wangerooge 46
Wassererlebnispfad Gartow 110
Wasserski Blauer See Garbsen 117
Watt-Safari in Bensersiel 42
Wattenmeerhaus 34
Wennigser Wasserräder 120
Weserbergland 136
Weserinsel Harriersand 68
Wichtelpfad Sievershausen 148
Wiesendachhaus Laatzen 122
Wild- und Freizeitpark Ostrittrum 92
Wildpark Lüneburger Heide 10
Wildpark Müden 100
Wisentgehege Springe 124

Impressum

In Zusammenarbeit mit Antenne Niedersachsen: Kathrin Runte
www.antenne.com

Produktmanagement: Claudia Hohdorf, Sarah Schindler
Bildredaktion: Sarah Schindler
Lektorat: Helga Peterz
Layout: BUCHFLINK Rüdiger Wagner
Kartografie: Kartographie Huber, Heike Block
Repro: Cromika
Herstellung: Bettina Schippel
Printed in Italy by Printer Trento

★★★★★

Sind Sie mit diesem Titel zufrieden? Dann würden wir uns über Ihre Weiterempfehlung freuen. Erzählen Sie es im Freundeskreis, berichten Sie Ihrem Buchhändler, oder bewerten Sie bei Onlinekauf. Und wenn Sie Kritik, Korrekturen, Aktualisierungen haben, freuen wir uns über Ihre Nachricht an Bruckmann Verlag, Postfach 40 02 09, D-80702 München oder per E-Mail an lektorat@verlagshaus.de.

Unser komplettes Programm finden Sie unter www.bruckmann.de

Alle Angaben dieses Werkes wurden von den Autoren sorgfältig recherchiert und auf den neuesten Stand gebracht sowie vom Verlag geprüft. Für die Richtigkeit der Angaben kann jedoch keine Haftung übernommen werden, weshalb die Nutzung auf eigene Gefahr erfolgt. Insbesondere bei GPS-Daten können Abweichungen nicht ausgeschlossen werden. Sollte dieses Werk links auf Webseiten Dritter enthalten, so machen wir uns die Inhalte nicht zu eigen und übernehmen für die Inhalte keine Haftung.

Bildnachweis: S. 5: Janina Snatzke; S. 6: Abenteuer Labyrinth Lüneburger Heide/RS Photo; S. 8/9: mauritius images/John Warburton-Lee/Sabine Lubenow; S. 2 & 10: Adrian Fohl/Wildpark Lüneburger Heide; S. 13: Barbara Marquardt; S. 14: Aeronaticum; S. 17: Karsten Eichhorn, Barfußpark; S. 18: Bernd Otten Photographie; S. 22: Schafstour GbR; S. 25: Knut Diers; S. 26: shutterstock/RMVera; S. 29: Ulf Duda; S. 30: kraxelmaxel Kletterpark; S. 33o: © Jaderpark/Barbara Minnemann; S. 33u: © Jaderpark; S. 36: shutterstock/MakroBetz; S. 39: shutterstock/Ivonne Wierink; S. 40: Windloop; S. 45: Phänomania Carolinensiel; S. 46: Knut Diers; S. 51: Birgits Tiergarten; S. 52: © Martin Stöver; S. 55: North Bound GmbH & Co. KG; S. 56: Sand+WaterWerk; S. 61: Knut Diers; S. 62: Leeraner Miniaturland; S. 65: Knut Diers; S. 66: Hof Iggewarden/Reinhard Evers; S. 69: Inola Hofrichter; S. 70: Florian Müller/Klimahaus; S. 72/73: shutterstock/Harald Schmidt; S. 75: BUND-Kreisgruppe Nienburg; S. 76: mauritius images/Torsten Krüger; S. 79: Ritter Rost Magic Park Verden GmbH; S. 80o: DEV/Regine Meier; S. 80u: Gartenbahncafe VOLLDAMPF; S. 85: Kamelfarm; S. 86: LandPark Lauenbrück; S. 88: Touristikverband Landkreis Rotenburg (Wümme) e.V; S. 92: Roland Schröer Creativ Design; S. 95o: Ralf Vogeding; S. 95u: Hans-Jürgen Dehn; S. 96: Knut Diers; S. 98/99: Tree Trek/Sandra Lensch; S. 101: Wildpark Müden; S. 102: Filmtierpark Eschede; S. 105: © Aktion Fischotterschutz e.V.; S. 106: Marionettentheater Dannenberg; S. 109: Naturum Göhrde; S. 112: Abenteuer Labyrinth Lüneburger Heide; S. 115: felto-Filzwelt; S. 118: Deister-Freilicht-Bühne Barsinghausen e.V./Barsinghäuser Fotogruppe; S. 121: Alexander Grage; S. 124: mauritius Images/pa/Peter Steffen; S. 127: shutterstock/NataSnow; S. 130: Kids-Dinoworld/Andreas Gattermann; S. 133: NaturErlebnisBad Luthe eG; S. 134: Steinhuder Meer Tourismus GmbH; S. 137: Mauritius Images/Marc Riedel/Alamy; S. 138: mauritius Images/Gruffydd Thomas/D/Alamy; S. 140/141: mauritius images/Heidi Velten; S. 143: Baumwipfelpfad Harz; S. 146o: HEZ/Karl Johaentges; S. 146u: HEZ/Günter Jentsch; S. 149: Sollingverein Sievershausen e.V.; S. 150: mauritius Images/J. Borris; S. 153: shutterstock/Air Images; S. 154: Janina Snatzke; S. 157: shutterstock/places4you; S. 160: BernsteinSee; S. 162/163: Freizeitpark Sommerrodelbahn; S. 165: Eva Holtmann; S. 166: Franz Frieling/Nordhorn; S. 171: Zoo Osnabrück; S. 172: Freizeitpark Sommerrodelbahn; S. 175: Daniela Weber; S. 176: Archiv Tierpark Ströhen; S. 179: Museumsdorf Cloppenburg; S. 180: shutterstock/FamVeld; S. 185: Emslandmuseum Schloss Clemenswerth; S. 186: Heinz und Marion Rupin; S. 188: Sabrina Ege; S. 189: Verena Kortmann.

Umschlagvorderseite:
groß: Daniela Weber
klein v.l.n.r.: shutterstock/CroMary; Adrian Fohl/Wildpark Lüneburger Heide; © Jaderpark
Umschlagrückseite:
klein v.l.n.r.: Filmtier-Park Eschede; Janina Snatzke; TreeTrek/SV Hohnstorf

Die Deutsche Nationalbibliothek verzeichnet diese Publikation in der Deutschen Nationalbibliografie; detaillierte bibliografische Daten sind im Internet über http://dnb.d-nb.de abrufbar.

© 2019 Bruckmann Verlag GmbH, München
ISBN 978-3-7343-1371-4